すき間の哲学

世界から存在しないことにされた人たちを掬う

村上靖彦［著］

ミネルヴァ書房

すき間の哲学——世界から存在しないことにされた人たちを掬う

目次

序章　すき間に追いやられた人への眼差し

誰も排除されることのない世界へ

大阪市西成区の北部にある釜ヶ崎（あいりん地区）は貧困率の高い地域として知られている。釜ヶ崎は日雇い労働者と路上生活者がかつては多く、困窮者支援の歴史をとおして全国に知られている。釜ヶ崎のそばには被差別部落や在日コリアンの集住地区も拡がる。私自身は二〇一四年から釜ヶ崎を含む西成の北部で、子育ての支援現場についての研究を行ってきた。本書はこの地域の人々から教わったことを出発点にして、〈オルタナティブな社会の作り方〉を構想する。

社会のなかですき間へと追いやられている人たちがいる。私が西成で出会ったのは、すき間に追いやられ生活が立ち行かなくなっていた人たちをサポートする人たちだった。そして社会的な困窮にもかかわらず、この地域は明るいエネルギーに満ちた人たちの町でもある。西成だけでなく日本のいくつかの場所でボトムアップに生まれつつある困難と活気が同居するコミュニティは、競争と管理に追い立てられた私たちにとってこれから進む道のヒントを示している。

すき間への感度を持つ世界、誰も排除されることのない世界、排除された人の権利が回復される世界の作られ方が本書のテーマである。福祉の世界では社会的包摂と呼ばれているものを、哲学の問いとして考えなおす試みでもある。

このテーマを考え始めるきっかけとなったのはある保育士の語りである。長くなるが、引用したい。釜ヶ崎にあるわかくさ保育園に長く勤務した保育士の西野伸一さん（現・大国保育園園長）がかつて児童館にいたときのことである。

西野さん　ある日電話かかってきたんですね。愛染橋（児童館）に。で、「うちのアパートの中に、どうやら、路上で、寝ているような一〇代らしき子がいてるんやけども、先生やったら何とかしてくれるかな」みたいな電話やったんですね。で、まずは見に行こうと思って、行って、やっぱり、出会ったんですね。その子と。で、その僕が出会ったその一七でした、当時。一七の青年は、僕もね、何日間か、その、何日間かずっと気になってた少年やったんですよ、町のなかで。〔…〕

夕方ぐらいになると、小学校の門の周りをうろうろとしている一七歳ぐらいの子がいてて、『この子、学校行ってないのかな』って、午前中もやっぱり見ることもある。何となく気になるなと思って、どのタイミングで声を掛けよかなって思ってた子と、夜、アパートの階段で、寝ている、その子が同じやったんですね。『これは、もう、きょうこれ、声掛けどきや』と思ったので、声を掛けさしてもらって、「どうしたの?」って話を聞くと、「いや、実は泊まる所がなくって、このアパートの階段やったら、雨にぬれずにおれるからここで寝てたんです」って話をして、『やっぱり、一七の路上生活っていうのは、これ、問題やな』って、子どもの権利やっぱ、ね、完全に守られてない状況なので、ただ、僕んとこ、二四時間開いてる施設ではなかったので、そこで感じたのはやっぱり制度の限界やったんですね。

村上　ああ。

西野さん　やっぱ、制度には限界があるな。うん。すき間、すき間レベルじゃない何かこう、限界やこれはと思って、どうしようかなと思って、ま、児童相談所にもすぐに連絡はしたんだけども、一泊は〔僕の家に〕してもらいました。で、一泊はしたんだけど、これを継続するってことはさすがにちょっと、僕自身も無理やったので、ま、児相に投げかけたんですけれども、一七歳っていう年齢が〔一八歳で児童福祉法の支援が切れるので〕微妙なんですよね。(1)

この場面ではホームレス状態にあった一七歳の少年に、町の人と児童館の保育士が気がついて声をかける。少年は父親からの暴力ゆえに家出していたのだが、行政の支援も受けることなく暴力団の使いっぱしりをしながら野外で寝泊まりをしていた。少年が屋外で寝泊まりしている姿に気づくのは多くの人にとっておそらくかなり難しいことである。そして気づいても見てみぬふりをする人が多いだろう。私自身も気がついて声をかけられる自信はない。そして家にいることができず家出する少年少女は、全国どこにでもいる。たまたま心配した近所の女性と西野さんのような人物がいたから、家と就労支援の機会を手にした。大阪の貧困地区であるがゆえに少年は目に止まり可視化されただけで、他の多くの地域では完全なすき間へと隠れてしまっているだろう。

少年は社会制度による保護から外れ、世間の目からも見えにくいすき間に落ち込んでいる。一八歳未満なので児童福祉法の保護下にあるはずだが、一八歳直前だったため行政は支援をしぶり(2)、結局西野さんが奔走して知人が働く高齢者施設の空き部屋に住まいを見つけ、軽度の知的障害があったので手帳の取得とともに就労支援の手続きを取る。つまり声をかけ住居と就労まで民間の支援者がボランティアでサポートしている。

不思議に見えるのは、小さな子どもをケアする保育士のところに見知らぬ近所の人が電話をかけて、見知らぬ一七歳の少年について助けを求めることだ。普通なら関係しそうもない三人のあいだに接点が生まれている。保育士が町のなかで顔見知りでもない少年の窮状をキャッチし、そして女性も少年に気づいて面識はない保育士に電話をかける。地域で熱心な活動をしている保育士さんに女性が電話をかけることで、初めてこの少年は支援につながる。近所の人と西野さんの自発的で即興的な働きかけによってすき間に追いやられていた少年が助けられる。もしかするとめざすべきコミュニティのあり方、そして失ったかつてのコミュニティのあり方はこのようなすき間へのアンテナを持つコミュニティなのではないか。

少年は自分でSOSを出していたわけではない。外で寝泊まりする状況を、かすかなSOSとしてキャッチする地域のコミュニティがここにはある。正確には、「ここにはある」のではなく、女性が西野さんに電話をかけた瞬間に、潜在的だったコミュニティが現実化する。このような仕方で生まれるコミュニティ、これは国家による統御でもなく、何らかの規範によって作られた社会でもない成り立ちを持つ。一人の人の潜在的なSOSを出発点として、今まさに社会的なつながりが立ち上がる。西成で子育て支援の現場を見ているとこのような場面にしばしば遭遇する。

西成にいると制度的な支援を受けてこなかった人が話題になることがある。上の場面のような路上の子どもの発見や、あるいは国籍を持たない子どもたちが見つかりそこに支援が入っていく場面がその一例だろう。遠いところから点々と移動してきて西成に流れ着いて支援とつながった親子に一年ほどお話を伺ったこともある。

特殊な事例のように思えるかもしれないが、外国籍の人が急増している現在の日本では各地で不就学児が問題になり始めている。あるいは不安定な就労機会しか持たない若者がネットカフェを渡り歩いている姿やDVを受けて逃げた主婦が突然貧困に陥いる場面、障害児を抱えて離婚した母親が貧困に陥ることも少なくない。これらもすき間のバリエーションであろう。

すき間とは何か

本書で議論していくすき間の暫定的な定義は、「世界から存在しないことにされていること」と「法権利の保護の外側に置かれてしまい、権利によって守られていないこと」である。

ここから二つのことが見えてくる。

- 法律や制度のすき間にこぼれ落ちて支援を受けることもなく社会から見えなくなっている人たちがいる。しかもこのすき間は突然ぽっかり開くこともある。
- 排除を生み出す強い圧力が社会にはある。

西成の支援者たちに共通する動きのうちの一つは、このように社会のすき間に落ちてしまった人たちへの眼差しを磨いていることである。彼らに気づき、その潜在的なSOSをキャッチしている。このようなすき間への眼差しが共有されているがゆえに、すき間への感受性が育まれる。そしてこのような眼差しは西成の特殊事例なのではなく、どこでも誰でもが持ちうる。全国どこでも個別のすき間への眼差しから出発して、新しいコミュニティを作っていくことができるのではないか。

本書で考えたいことは、目に見えにくい逆境を反転して生存の場所を作り出す仕組み、一人ひとりのニーズに即して自発的にボトムアップでつながりができるようなそういう世界の作り方である。

もう一回まとめると次のようなテーマを設定することになる。

- 規範や管理とは異なる仕方で社会を考える。
- 社会的包摂という概念で社会学や福祉学で考えられてきた集団のあり方を哲学の問題として捉え直す。このことは逆境を反転しようとするコミュニティの生成であり、かつすき間を感じ取り、すき間を生み出すまいとするコミュニティでもある。

上から押し付けられる規範によるのではない、あるいは内面化された規範によるのでもない自由な社会的つながりを生み出すロジックを考えることが本書の主題である。そしてこのことはもう一つの大事な主題と連動している。それは排除を生まない社会、あるいは排除された人をもう一度社会の一員として迎え入れる社会の探求である。

本書の構成

本書全体は四部構成である。

第Ⅰ部ではどのようにすき間が生じるのかについて、いくつかの切り口から理論的な考察を行う。入国管理事務所における死亡事件のように国家がもたらす排除、不特定多数の人が持つ差別感情のような社会の水準の排除、家族のなかで生じる虐待というように、まずは国家・社会・家という三つの層から排除を考えていく。次に、差別において典型的な可視化する排除と、福祉制度のすき間で苦しむような見えなくなっていく排除、さらには名前を持たないことによる排除を考える。第Ⅰ部を通して、理論的にはアガンベンやレヴィナスが導き手となる。

第Ⅰ部はすき間を生み出す動きについて論じる前半のパートであり、第Ⅱ部から第Ⅳ部までの後半ですき間を埋めていく運動について考える。

第Ⅱ部ではすき間の探索について議論を行う。すき間は俯瞰的な眼差しからは見えなくなる人のいる場所である。すき間は歩行によってしか出会うことができない。「かすかなＳＯＳへのアンテナ」という概念を提案しつつ、レベッカ・ソルニット、ティム・インゴルド、宮地尚子、ベンヤミンなどを参考にしながら歩行についての哲学的な考察を試みたい。アウトリーチは居場所とセットになって機能することが明らかになる。

福祉の世界で社会的包摂として考えられている概念が、「社会的開放性」という概念へとアップデートされていく。そのとき、ウィリアム・ジェイムズやメルロ＝ポンティが構想していた多元的な世界の地平が実践的な価値を持って再浮上してくる。

第Ⅲ部ではすき間へと追いやられていた当事者が声を出し、マジョリティの占める世界のなかで場を持つことについて議論していく。脳性まひ者の自立生活運動や居場所の例から考えていきたい。

第Ⅳ部ではすき間の生まれない世界の作られ方について考える。社会的開放性をより詳細に考察していく。ベルクソンの開かれた社会やヌスバウムのケイパビリティ概念を手がかりにしながら、ユニバーサルな居場所、ユニバーサルなサービス、ユニバーサルなケアの可能性を考える。支援者が持つパターナリズムやマジョリティ特権についいての懸念に触れつつ、当事者から声が上がり、空間を獲得していく当事者主権の運動について考えることになる。

最後に、支援者がすき間を探索する営みと当事者から声を上げる運動の交点について考察して本書を終えたい。

注

（1） 拙著、『子どもたちがつくる町――大阪・西成の子育て支援』、世界思想社、二〇二一、一一〇頁。

（2） そもそも社会的養護のもとにあった子どもは一八歳をすぎると法的な保護を失い社会へと放り出される。永野咲、『社会的養護のもとで育つ若者の「ライフチャンス」――選択肢とつながりの保障、「生の不安定さ」からの解放を求めて』、明石書店、二〇一八。

第Ⅰ部　すき間を生む世界——排除の構造について

第1章　国家水準の排除

1　国家・社会・家

すき間に追いやる排除

第1章では、国家・社会・家という三段階の水準を区別したのちに、国家水準の排除について論じていく。

すき間の哲学は、すき間に落ちる人をキャッチし、すき間を作らない社会を構想することを目的としている。まずはじめに世界ですき間がどのようにうまれるのか、国家の水準での暴力的な排除、社会の水準での差別、家の水準での虐待という、水準が異なるすき間それぞれの構造を考えたい。そのつぎに、ラベルを貼る差別のように可視化する排除と、制度のすき間で見えなくされていく排除や名前を持たないがゆえにすき間に追いやられる困難という対比を考える。

日本に限ってみても、すき間に追いやられて苦しみ、かつマジョリティ側からは見えなくなっている人たちはつねに存在した。たとえばこの原稿を書いている今日も、生活保護を受けずに困窮のまま老兄弟が餓死したことが報道されている。(1) あるいは二〇二〇年一一月に渋谷のバス停で暴行死で亡くなった女性は、上京し劇団員として夢を見ていたが生活が苦しく職を点々とするなかでコロナ禍から職を失い路上生活に追いやられた。(2)

この人たちは、誰かの意志によって排除されたわけではなく、いつのまにか社会からはじき出されたと見えるかもしれない。それゆえに「本人が努力しなかったのが悪い」「演劇などやるからだ」というような声も聞こえてきそうだ。しかし果たしてコロナ禍で仕事を失ったことは本人の責任なのだろうか。夢を断念しないと生きていくことが許されない社会なのだろうか。あたかも社会という生き物が、その新陳代謝として排除を必要としているかのようである。もしかすると規範や権力という視点で社会を考えたときには必ず社会から排除される人々を生み出すのかもしれない。

排除はどのように起こるのか

まずは議論の出発点として排除がどのように起きているのかを整理しておきたい。差別や忘却といった仕方で生じる社会からの排除は決して珍しい事柄ではなく、極めて一般的なものだ。このことを確認してから〈すき間の哲学〉の議論を始めたい。

序章で提案したすき間の定義は、「世界から存在しないことにされていること」と「法権利の保護の外側に置かれてしまい、権利によって守られていないこと」であった。

ここでは便宜的にマクロ、メゾ、ミクロ三つの層で排除を考える。法を執行する「国家」、習慣や規範を産出しつつ自らを維持していく「社会」集団、そして「家」である。というのはこの三層それぞれで排除の構造が異なり、固有の特徴を持つからだ。この三つの層をすべて含むものとして「世界」という言葉を使う。一人の人がすき間へと追い立てられるとき、多くの場合に、この三つの水準における排除がからみ合っている。たとえば社会的な差別意識によって疎外されている人が、実は国籍をめぐる規定のような国家水準の排除の論理に脅かされており、そのような逆境に置かれた大人の子どもが家で虐待に苦しむといった複合の仕方は典型だろう。すき間に陥ることはしばしば言葉を奪われることでもあるだろうが、言葉を回復してすき間を理解しオルタナティブな社会を構想するためにはこの三つの水準を区別しながら整理していくのが有効である。

最初の政治論の一つであるアリストテレスの『政治学』は、生命を公共的活動を行うビオスと生存に関わる家の営みのゾーエーに分けた。[3] ここではビオスとゾーエーのあいだに社会における生を設けたい。社会というものは近代の産物であるが、社会を導入する理由について一言触れていきたい。

二〇世紀の哲学者ハンナ・アーレントはビオスの「行為」とゾーエーの「生活」のあいだに、継続的に残り続ける作品 work を産出する営みである「仕事 work」を設けた。[4] さらに、仕事の概念を論じる前に、その準備として「社会」の概念を導入している。アーレントによると古代社会においては政治（公共性）と家における私生活が対立するのだったが、近代になって社会と家（私生活）へと対立軸が取って代わったというのだ。

〔…〕歴史上、決定的な事実は、親密なものを保護するという最も重要な機能をもつ近代の私生活が、政治的領域と対立しているというよりは、むしろ社会的領域と対立していることが発見されたということで

ある。(5)

そしてアーレントは社会という水準を貫く論理として行動の画一性を挙げている。

画一主義は社会に固有のものであり、それが生まれたのは、人間関係の主要な様式として、行動 behavior が活動 action に取って代わったためである。〔…〕近代の経済学の根本にあるのはこれと同一の画一主義である。つまり、近代の経済学は、〔経済的に〕人間は行動するのであってお互い同士〔政治的に〕活動するのではないと仮定している。(6)

古代ギリシアにおいては強い個性を主張するアゴラでの議論が政治の場だったが、これに対して近代では労働や消費のように統計で把握可能な均一な行動を取る集団が政治の対象となる。そして近代においては、国家を支配する固有名を持つ国王に取って代わって、匿名の官僚機構が社会を統御する。つまり統治も社会も匿名的なものになる。一人ひとりの役人は与えられた職務をこなしているだけだから自分が支配しているわけではない。官僚機構の非人称的な作動が全体として国民を統治するのだ。

〔近代の〕顕著な政治的特徴は、社会が実際に「見えざる手」によって支配されているということ、裏返して言えば、社会が誰によっても支配されていないということである。私たちが伝統的に国家とか政府とか呼んでいるものは、ここでは、純粋な行政に席をゆずる。(7)

このようなアーレント流の社会概念を私たちも受け入れるのであるが、ただ若干の変更を加えたい。アーレントは資本主義の経済活動に注目しているがゆえに、均質な経済社会に注目している。彼女は、社会がローカルに慣習や文化とともに匿名的に生み出すさまざまな集団には注意を払っていない。私たちの興味対象は社会の水準で動くこのようなローカルな集団でもある。社会とはある集団がまさに集団そのものを耐久性のあるものとして産出する自己組織化の営みであるとも言える。友人関係や趣味の集団のように自発的に凝集するゲマインシャフトにせよ、企業や都市のように人為的に利害関係によって結びつくゲゼルシャフトにせよ、耐久性を持つ集団は集団の維持を目的として動く。

国家は内部に警察権や外交権を持つ別の国家を内包することはないが（連邦国家が州を内包する関係は、対等の国家の関係ではない）、社会はたとえば子どもを例に見たとしても学校や学童保育、塾や習い事の集団、遊び友達、子ども食堂の仲間、親戚といったさまざまな質と大きさを持った小社会を含みこみ、相互に浸透する。そしてなによりも、どの社会集団も伸び縮みする。多層かつ多様に自らを組織し自己保存する集団は、自らの境界線を生み、それゆえその新陳代謝のなかで境界の外部へと排除も行う。

社会学の出発点においてデュルケームが個体や有機体との対比から社会に定義を与えている。

> したがって、ここに、きわめて特殊な性格をおびた一群の事実が存在することになる。すなわち、それらは、行動、思考および感覚の諸形式から成っていて、個人にたいしては外在し、かつ個人のうえにいやおうなく影響を課することのできる一種の強制力をもっている。したがって、それらの事実は、表象及び行為から成っているという理由からして有機体的現象とは混同されえないし、もっぱら個人意識の内部に、

また個人意識によって存在している心理的現象とも混同されえない。(8)

デュルケームは、個人の外にあり、個人に対して強制力を持つ、表象や行為の束として「社会」を定義している。その結果、分業によって多様な性格を持つ集団からなる社会を構想した。デュルケームの定義はミニマムなものであり、今でも有効なものだろう。生物（有機体）としての個体でも心的現象でもない、「匿名的に統御され自己保存する、感情に突き動かされた集団的な行為によって形成する、可変的な境界を持った集団」として社会集団を想定したい。

私たちは(a)国家の水準での排除、(b)社会集団の水準での排除、(c)家の水準での排除という区分けを議論の便宜のために仮定する。すき間の探索とは、国家からの排除への抗議でもあれば、アーレントが描き出したような均質な社会集団から排除された人への眼差しであり、あるいは家のなかで人知れず困難を抱えている人（とくに子ども）を探索する営みでもある。そして社会と家の水準での排除は、多くの場合に国家水準での制度的な暴力や、あるいは福祉制度のすき間と関わっている。そのような制度的なすき間が生じないような世界の仕組みを構想することも本書の目的となる。

ここから、それぞれの水準でどのような排除が起きてきたのか例を挙げていきたい。

2　法にかかわる排除

精神科病院への隔離

第1章では国家水準の排除について議論していく。日本ではたとえば被差別部落問題への政府の対応、二〇世紀の最初から最後までにおよぶハンセン病患者の隔離政策、戦後の障害者隔離政策（精神障害者の大規模病院への収容や、知的障害者・身体障害者のコロニーへの収容）が歴史上は有名である。これらの隔離政策の特徴は、どの場合も秩序維持の名目で理不尽な仕方で隔離を支持し、憲法では容認されないはずの断種のような人権侵害を行うことだろう。

たとえば現在まで解決されていない事象として、障害者の施設収容がある。精神障害を例に取るとGHQの占領下で、戦前行われていた私宅監置への批判が強まり一九五〇年に精神衛生法が施行された。かつて個人宅で座敷牢に閉じ込められていた患者たちの収容先として一〇〇〇床規模の私立病院が多数建てられた。急性症状を落ち着かせる抗精神病薬クロルプロマジンが一九五五年に発売されて患者の「管理」が容易になる。これにより精神科病院において医師と看護師の数を一般病院よりも医師三分の一、看護師三分の二に減らしてよいという精神科特例は一九五八年に始まって現在まで続いている。ケアをして社会で暮らすことをめざすのではなく、社会から排除して効率的に収容するという視点が取られていたことがわかる。人権に対する配慮がなされることはなく、薬によって鎮静することで隔離をすることが優先されたのだ。小俣和一郎は次のように書いている。

〔…〕精神療法のような目に見えない技術に対しては非常に低い報酬しか設定されなかった。このことが、我が国における精神医療の質の低下を招き、前近代的な隔離収容医療が長く残存した大きな理由の一つである。そのため多くの精神病院が入院患者の「永住先」と化し、精神病院が患者にとっての「定住地（パーマネントアドレス）」となってしまった。(9)

日本の精神科病院では二〇年や三〇年といった長期入院患者が問題となってきた。脱施設化を進めている現在でも、平均入院日数は二七四日である（二〇一八年）(10)。三ヶ月以内に退院する患者が多数いることを考えると、長期入院の人数がまだ相当に多いことがわかる。

Disabled person を翻訳したはずの「障害者」という言葉はまさに社会がバリアを設けているということを端的に示している。障害とは、国や社会が不自由を持つ人の生活に対して設けた障害のことである。障害者の権利擁護を目的とした障害者基本法は、隔離政策が進んでからだいぶたった一九七〇年に作られた。しかしにもかかわらず、隔離だけでなく大きな人権侵害も起きている。一九八四年の宇都宮病院事件や一九九三年に起きた大和川病院事件のように患者への暴力による死亡事件だけでなく、精神科においては事件化していない突然死も少なくないという。二〇二〇年にも兵庫県の神出病院で看護師による患者に対する虐待事件が発覚し大きな問題になった。かつてフィールドワークを行った精神科病院で私が滞在期間中に突然死があったことがある。看護部長が死亡直前の監視カメラをチェックして問題がなかったかどうか確認し、わざわざ私に「問題はありませんでした」と言い添えていた。今思うと何らかの後ろめたさの表現であると感じる。

その病院の慢性期病棟でフィールドワークを行っていたときに、三〇年ほどの入院をつづけている患者さんと出会った。明るく清潔に建て替えられた新築の病院で、一見するとのどかな生活が営まれており、彼女は若かったころの長屋生活や近所のお寺の話を聞かせてくださった。看護師たちは患者を尊重するよう努力していたが、しかしその「尊重」は融通のきかない一日のスケジュールやお金の管理、服薬管理、外出の際の届け出などさまざまな規則によってしばりつけられたものである。何よりも三〇年も病院で暮らしてしまうともはや病院の外の世界は想像もつかないものになってしまう（外の世界は、家族も友人もいない、スマホや自動改札といったわけのわからない機械に満ちた世界だ）。「退院したらしたいことある？」と看護師が尋ねると「タバコが吸いたい」とそのおばあさんは答えた。もはや本人にとって外の世界へのリアルな欲望はタバコという姿しかとりえないのだ。地域移行の試みが進んできているとはいえ、もはや社会のなかに暮らすことが想像できない人もいる(11)。

精神障害以外の障害、とくに知的障害者と身体障害者や筋ジストロフィー症などの神経難病患者の病棟の場合でも、津久井やまゆり園の事件でクローズアップされたように施設収容の文化が今でも残っている。これらの事例についても、今後また取り上げる機会があるだろう。

例外状態

まず法律によって隔離してそのなかで統治するのとは異なるタイプの隔離・排除がある。ナチスの強制収容所が典型的であるが、現代の日本でも出入国管理事務所や児童相談所の一時保護所において生じている事象である。このタイプの排除では国家権力が人々を法権利の外に追いやり、隔離収容した上で、そのなかで法律が宙吊りにされるため人権を保証しない。つまり生存権も保証しない（これはナチスの絶滅収容所で起きたことである）。死んでも構わない、あるいは積極的に絶滅を試みる。法治国家の力が働くのだが、しかし〈法の外〉が設定されて、そこで恣意的な力が行使されるのだ。

入国管理事務所で相次ぐ「死亡事故」は法制度が法制度の外部を作り出し、生命をないがしろにしていることを如実に示している。最近では二〇二一年三月にスリランカ出身のウィシュマ・サンダマリさんが名古屋出入国管理局で死亡した事件がある。体調不良を訴えたのにもかかわらず適切な治療を受けずに死亡した。収容の様子をとった映像が一部公開され、非人間的な対応が明らかになりつつある。報道を追うこともいたたまれない凄惨な状況であり、私が日本国籍を持つという理由だけでも罪悪感を覚える。

入管では絶えず非人道的な処遇が問題になっている。たとえば二〇一九年三月に死亡したナイジェリア人男性の場合、窃盗などの容疑で実刑判決を受け刑務所に収監されたのち仮釈放のあと二〇一五年一一月から収容されそのまま抑留されていた⑿。刑期を終えたあとに収容所で殺されるというこのような状況はハンナ・アーレントが記述したナチスの強制収容所の描写を彷彿とさせるものである。

計画的殺害はこうして始まるのだが、その際強制収容所は常に正規の刑執行とは別の枠に入れられ、被収容者は「刑法に触れる、もしくはその他何らかの意味で避難すべき所業の報いによって」収容所に送られることはありえない。〔…〕

犯罪者は司直によって自由の権利をふたたび認められてから収容所に送られるのだが、それだけではなく、収容所における処遇はどんな拘置所や刑務所におけるそれより比較にならぬほど悪く、そのためにい

かなる場合にも、真の刑罰は正規の裁判所で宣告された刑期の終了を俟ってはじめて始まるということになるのである。(13)

正規の法的手続きの外へと排除されたうえで隔離され、生命が恣意的に扱われる。入管で死亡した外国人の状況とアーレントが描写したナチスの強制収容所で死亡した人たちの状況とは（「計画的殺害」という一点を除いて）制度上の扱いはぴったりと重なる。あるいは技能実習生制度が示すように日本においては現実には一五〇万人を超える多くの外国からの労働者を受け入れているのにもかかわらず、移民を認めないという法律の宙吊り状態を意図的に一貫して作り出しているので、(14)出産した子どもを殺さざるをえないような不条理が生じることは織り込み済みである。

日本は移民を認めていないが、労働力を「移民」に頼らざるをえないという歪んだ状況にある。この場合、外国から来た労働者は法的にあいまいなステータスのままに置かれるのである。早尾貴紀はこう書いている。

外国籍者に労働力を依存することは不可避であるにもかかわらず、移民労働は断固として認めたくないがために（それは「単一民族国家・日本」の幻想を守るため？）、場当たり的に、「日系人」「実習生」「留学生」「経済提携」「特定技能」などと、あたかも正規の労働者ではないかのような大義名分を次々と作り上げている〔…〕。〔…〕そして、「外国人」が一人の生身の人間であり、労働者であり、市民であるということを徹底して否認しているという点でも一貫している。(15)

隔離されて法権利の外に置かれるときには人権を持った「生身の人間」としての扱いではなくなる。さらには、政治家によって繰り返された単一民族国家という幻想自体に、人種主義が見え隠れする。人種的他者には人権が認められないのだ。「生身の人間」としての権利すら認められない「裸の」存在は、アガンベンによって「剝き出しの生〔裸の生〕vita nuda」と呼ばれた。法権利の外なのだから、人権という概念が存在しなくなるのである。『ホモ・サケル』の冒頭で彼は次のように書いた。

> 本書の主人公は剝き出しの生である。すなわち、聖なる人間（ホモ・サケル）の、殺害可能かつ犠牲化不可能な生である。(16)

ホモ・サケルとは、法権利の外に追いやられた人である。それは生と死の境界に位置する生活様式であり、法権利で守られない例外事象であるがゆえに法的秩序の外で「殺害可能」になる。逆説的に、この政治的領域からの排除こそが、法で囲われた領域を基礎づけ、政治そのものを基礎づけるとアガンベンは主張する。

> 刑法からも犠牲からも離れた本来の場所〔すなわち殺害可能だが犠牲化不可能な生〕へと回復されたホモ・サケルは、主権的締め出しの内に捉えられた生の原初的形象を提示するのではないか、それは政治的次元を構成した原初的排除の配置を保存しているのではないか〔…〕。主権的圏域とは、殺人罪を侵さず、刑を執行せずに人を殺害することのできる圏域のことであり、この圏域に捉えられた生こそが、聖なる生、すなわち殺害可能だが犠牲化不可能な生なのである。(17)

○保護人員、平均在所日数ともに増加傾向

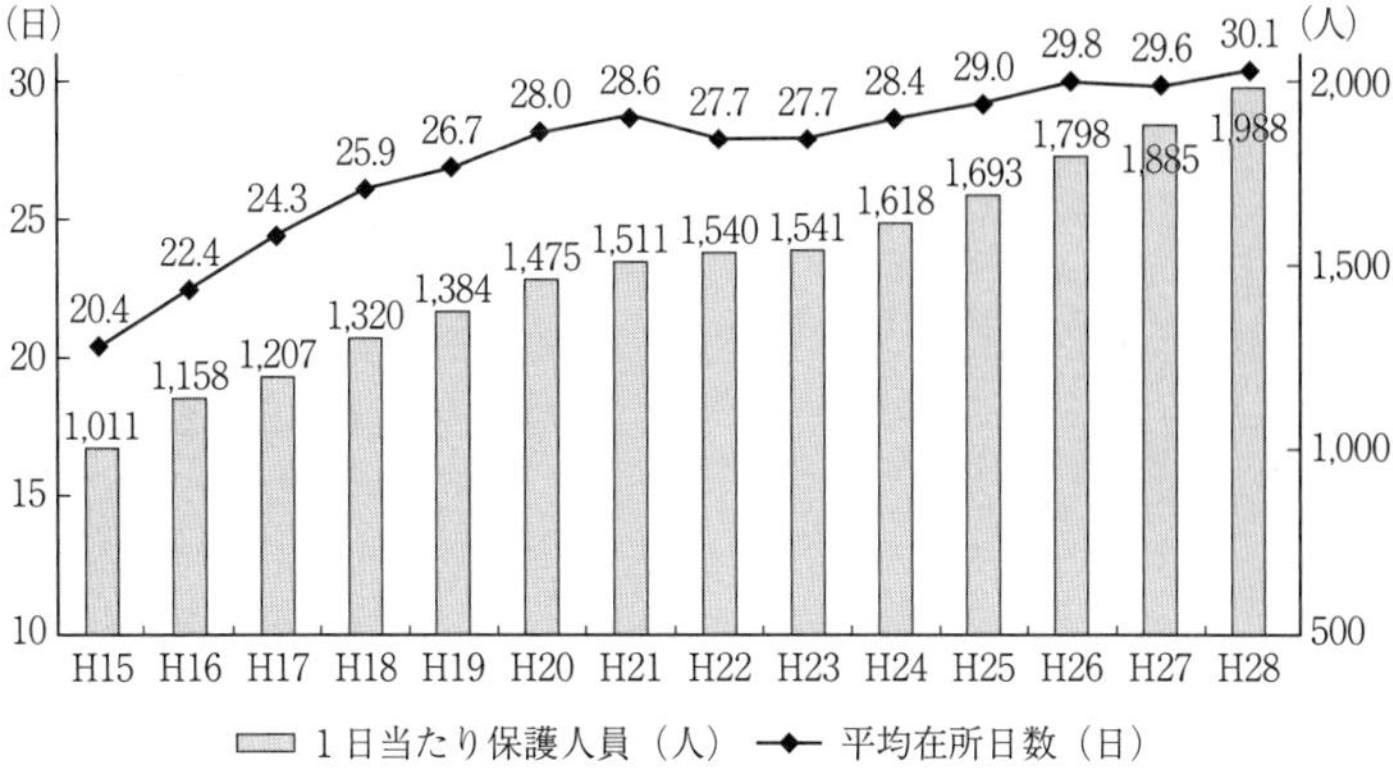

１日当たり保護人員及び平均在所日数

※平成22年度は、東日本大震災の影響により、福島県を除いて集計した数値。
（出典）福祉行政報告例（厚生労働省大臣官房統計情報部）。

法の外にあるからこそ殺害可能であるような場所があり、そのような場所の存在が法の可能性を基礎づけるというのがアガンベンの主張だった。彼は強制収容所、植物状態といった例外の状態に触れている。剥き出しの生は、人権から除外され、市民としての資格から除外された人間の状態だ。

外国籍の人だけでなく日本国籍でも法権利の外側に陥ることがある。子どもの一時保護は非常に奇妙な制度である。虐待を受けて児童相談所によって一時保護された場合、外出する権利を奪われ、スマートフォンを取り上げられて外部との交流を絶たれ、基本的人権である学習権も奪われることが多い。つまり虐待の被害者である子どもの側が人権を奪われるのだ。子どもを支援するＮＰＯリヴィング・イン・ピースの代表として多くの児童相談所の一時保護所を訪問した慎泰俊は次のように述べている。

> やってきたとたんに服を含めた私物をすべて取り上げられ、保護所内に置いてある服を選び、それを着ること

から生活が始まると言ったことが少なくありません。中には下着まで保護所のものを選ばないといけないところもあるそうで、ある子どもは「パンツに番号が振られていて、どこの中学生が番号のついたパンツなんか履くんだと思った」と話していました[18]。

食事中の私語も禁止されていることが多く〔注：これは刑務所と同じである〕、子どもたちは黙々と食事をします。それは私語のやり取りが子ども同士のトラブルに発展することを避けるのが目的であるという説明をされました[19]。

〔…〕一時保護所にいる間に〔携帯電話は〕一時的に没収となります。よって子どもは外界との通信を基本的に遮断されます[20]。

慎の記述は誇張ではない。社会的養護の経験者に話を伺った私のインタビューのなかでも、思春期の女性が下着を脱いで虐待の有無を確認されたというような、一時保護所の人権を無視した振る舞いは登場した。出入国管理局、子どもの一時保護、そして精神障害者の医療措置入院では、刑法によらずに強制的に隔離収容することが可能である。そして彼らは他の人に害を与えたわけではない。そして医療措置入院が減少しているのに対し、一時保護は増えている[21]。そもそも虐待を行った親が責任を問われて逮捕されるのではなく、なぜ被害を受けた子どものほうが隔離監禁されて人権を奪われないといけないのだろうか？「僕は悪いことしてないのになんでここにいなきゃいけないの？」という声は聞き届けられてこなかった。

鍵のかかった施設への隔離そのものが人権の制限であるが、それが刑法の範囲外で行われる。普通法の外側に排除されたまま、子どもは自治体ごと施設ごとの内規によって恣意的に処遇される。一時保護所は各自治体の運用に任されているため、ある自治体では人権に沿った処遇がされていても、自治体によっては深刻な子どもに対する人権侵害が行われうる。法の外で施設の任意で人権の侵害を行いうるのだ。たとえば発話や通信の権利は基本的な人権の一部だ。刑務所ですら手紙を出すことはできるうえに、一時保護所の場合人権の停止に法的な妥当性はない。

これらの事象は単なる隔離政策ではない。隔離されたなかでさらに法律が宙吊りにされ、基本的な人権を奪っているからである。法の外での例外状態すなわち「殺してもよいが供犠〔死刑〕に供してはいけない」状態に追いやっている。

無国籍というすき間

同じく国家の法制度・法権利からの排除ではあるが、少し違ったタイプの排除がある。積極的に排除したわけではなく、福祉政策のすき間に漏れてしまうような場面である。序章で登場した少年の事例もそのような場面だった。

たとえば外国籍の女性が日本人男性とのあいだで子どもを出産したときに、もし男性が認知しなかった場合、子どもは日本国籍を持てない。このような人は潜在的には相当数に登るであろう。

日本国籍を持てない子どもが日本で暮らすときに被るさまざまなハンディはいうまでもない。私のフィールドワーク先で出会った事例では、日本で生まれ育ち日本語しか話せない子どもたちであっても両親が外国籍で滞在許可証が切れていたために出生届が出されず無国籍に置かれていた。日本では無国籍、無戸籍の人も実は少なくない[22]。国籍や戸籍を持たなければ、さまざまな行政上のサービスを受けることができない。つまり国の制度から排除されている。難民申請が受理されずに本国に送還された母子家庭もあった。一度すき間に落ちてしまうとそこから法権利を獲得するのは極めて難しい。つまり国の制度、権利の内側と外側のあいだには大きな壁があり、一度外側へと位置づけられてしまうと、その人は制度にとってはあたかも存在しないかのような扱いを受ける。

国家が積極的に排除したわけでは無いが、制度から漏れた人を包摂しようと努力するわけでもないので、すき間にいる人は結果として法権利の外に追いやられる。

ネグレクトとすき間

あるいは社会的ひきこもりや、ネグレクトと呼ばれている家庭は、もともとは制度によっては捉えられないカテゴリーだった現象であり、隠れた困難を抱えている。社会的ひきこもりについてはさまざまな支援が試みられ、さまざまな居場所づくりや精神科医療によるアプローチもあるが、現在でも社会との接点を失ったままで大きな苦悩を抱えている人は少なくない。ひきこもりが何十年も経過してしまった結果、子どもは五〇代になり、親は高齢化して八〇代となり、制度的な支援を受け入れないまま困窮し、場合によっては病死や餓死、殺人に至ることでようやく表面化するという、八〇五〇問題は、制度のすき間が恒常化した状態だろう。

ネグレクトとラベリングされる家庭の場合、社会のなかでの困難を抱えているのだが、自己責任とされてしまい福祉的なサポートの外側に外れてしまっていることがある。（もともと制度のなかに位置を持たず）ＳＯＳを出せないがゆえに見えないところで発生しているすき間である。どちらも一見すると家のなかの問題に見えるのだが、実際には社会構造（学校でのいじめ、貧困など）とそれに由来する困難を家のなかで抱えている。つまり家族の困窮に見えて、その実は国家水準の排除であったり社会的な均質性から排除された人の困窮なのだ。なので、国家・社会・家という三層から考える意義がある。次の引用は大阪市西成区という貧困地区で親子の家庭訪問をしている支援員の語りである。

スッチさん　ほとんどが、もう本当に孤立しているし。制度〔の〕、ほんまに、はざまにあるところで、要対協〔要保護児童対策地域協議会：子育て支援に関わる官民の支援者の会議〕のなかでも「〔暴力が深刻じゃないから〕見守りケース」っていわれてるところって、結構「ネグレクト」やったりとかっていうカテゴリーがされていて〔…〕まあ「子どもの命に別条もないし、危険にさらされてない」っていうことで、すごく〔危険度ランクが〕下がるんやけれども、でも、実際、行ってみると、かなり、やっぱり、いろんな〔大変な〕状況があって。

〔…〕行ったときもう、「あっ！」っていうような家庭もすごく、やっぱ多いし。やし、実際、〔…〕ほとんどがもう、ドアが開かへん家庭やったりとか、学校のつながりも緩かったり、子どもも行ってないっていうような状況ができてしまっている〔…〕ところに行って、実際入ってみると、〔…〕〔行政の支援に〕つながられへんから見守りにならざるを得ないケースっていうような状況が多くって。それは、〔…〕〔家庭に〕入ってみて分かるっていうようなところは、すごく多いんじゃないかなと思っている。[23]

子どもが保育園や小学校に通えないというような理由で「ネグレクト家庭」というラベルを貼られている家庭は、暴力があるわけではないから積極的な介入もなされにくく、行政からも見えにくい。しかしいざ訪問してみると、困難を抱えて生活が立ち行かなくなっている。そのような人は制度の「はざま」で苦しんでいるが、困難が見えないため「子どもの養育が不十分だ」というラベリングが貼られやすい。日ごろの施設での業務のかたわらボランティアで家庭を訪問するスッチさんの実践は、そのような困難を抱えた人を訪れて（丁寧に関わりながら）生活に伴走し、子どもの人権を守っていく。ひきこもりにしてもネグレクト家庭の支援にしても草の根の地道な活動から制度的なサポートへとつなげることになる。

これらの排除は何らかの強制的な暴力が働いたと言うよりも、福祉制度によって位置づけられていなかったゆえに外に漏れてしまう場面である。強制的な排除ではないのだが、しかし制度のすき間に置かれた人が顧みられずに遺棄されるという状況は変わらない。私たちの関心はとりわけこのような「すき間」に向いている。その理由の一つはこのようなすき間こそが人の困難が位置づけられる場所であり、かつその位置が見えにくいものであるからだ。

このようなすき間は偶然さまざまな場所で生じるので類型を示すことも難しい。どのような制度からもその制度の適用範囲の境界線で多様なすき間が生じる。さらに制度では想定されなかった例外的存在者も生じうる。それゆえ偶然生じた具体例からしか考えることができない。そもそものようなすき間の事例は制度側からは（少なくとも初めは）全く想定されてもいないことが多いはずだ。制度のすき間は思いがけないところに突然口を開く。

制度の境界線

制度の外部はそもそも存在しない無の領域なので制度の側からは位置を決められない。それゆえいつどこにすき間が生まれるのかは予想できない。法制度はつねにその適用範囲を定義する。やみくもに誰にでも当てはまる法制度は存在しない。日本国の法律は、外国に居住する日本に関わったことがない外国籍の人には関わらない。言い換えると法制度はつねに境界線と、制度の外部を持つ。制度とはある秩序の創設のルールだが、つねに境界線の内部を組織化するものであり、制度の外部はカオス、もしくは余白として排除される。福祉制度の場合も同様である。つねに制度の外にもれる人が出てくる、そして外部に留め置かれた人は制度の視点からは見えなくなる。

制度のすき間は、時間的なすき間や空間的なすき間でもある。序章で引用した事例は、時間的なすき間の例でもある。一七歳の少年が路上生活をしているところを保育士に発見されるわけだが、児童福祉法の年限である一八歳が近かったため児童相談所や自治体からの支援を受けることができなかった。年齢を超えたわけではないのににもかかわらず年齢ゆえにすき間が生じている。二〇歳であったら成人として別の支援の枠組みを使えるだろう。「一八歳マイナス一歳」というブラックホールのような不可思議な時間のすき間が生じている。「マイナス一歳」という制度上は存在しない数字がすき間を形成する（ただしこの点は二〇二四年四月の改正児童福祉法の施行もあり運用が弾力化されつつある）。

あるいは二〇一八年に起きた東京都目黒区や千葉県野田市の虐待死事件では、香川県や沖縄県からの転居によって児童相談所や自治体が連携できずに、虐待とＤＶを見逃して死にいたってしまった。転居届は出ており、行政も存在を把握してはいたのであるが、連携に問題があり、手が届かなくなるという制度のすき間が生じている。これは移動にともなって生じた空間的なすき間でもある。制度がカバーしていたはずなのに、空間のすき間が子どもを救えなかった。

制度は適用範囲で閉域を形成する。内側にいるとそれ自体で自足しているように見える閉域であるがゆえにそこから漏れるすき間は見えない。

ところが閉域はつねに外部のすき間を生む。つまりすき間に生じた出来事は（少なくともすき間が生まれる瞬間には）それを語る言葉がない。見えないし、語る言葉がない。象徴構造によって決まるがゆえに、そこには不可避的にすき間ができる。一八歳マイナス一歳という時間上のすき間であり、香川県善通寺市の行政と東京都世田谷区の行政のあいだという空間のあいだに横たわるすき間だ。物理的な距離でもあるが、自治体と自治体のあいだの意思疎通の不足である。つまり組織間の齟齬という位相空間上の距離・断絶でもある。

注

（1）https://www3.nhk.or.jp/news/html/20200206/k10012274691000.html（二〇二三年一二月二六日閲覧）。

（2）https://www3.nhk.or.jp/news/special/jiken_kisha/kishanote/kishanote15/（二〇二二年四月二二日閲覧）。

（3）アリストテレス、『政治学』、山本光雄訳、岩波文庫、一九六一、1278b23-31。

（4）ハンナ・アーレント、『人間の条件』、志水速雄訳、ちくま学芸文庫、一九九四。

（5）同書六一頁。

（6）同書六五頁。

（7）同書六九頁。

（8）エミール・デュルケーム、『社会学的方法の規準』、宮島喬訳、岩波文庫、一九七八、五四頁。
（9）小俣和一郎、『精神医学の歴史』、レグルス新書、二〇一五、二二六頁。
（10）厚生労働省、「最近の精神保健医療福祉施策の動向について（平成三〇年一二月一八日）」、https://www.mhlw.go.jp/content/12200000/000462293.pdf（二〇二〇年二月一五日閲覧）。
（11）大西暢夫監督のドキュメンタリー映画『オキナワへいこう』（二〇一九）は、コメディータッチでありながら精神科病院で長期入院する患者が、外出し退院することの難しさを描いている。
（12）日経新聞二〇一九年一〇月一日、https://www.nikkei.com/article/DGXMZO50457410R01C19A0CR8000/（二〇二〇年二月一五日閲覧）。
（13）ハンナ・アーレント、『全体主義の起源　3』、新装版、大久保和郎・大島かおり訳、みすず書房、一九八一、二四六頁。
（14）厚生労働省、「外国人労働者の推移」、https://www.mhlw.go.jp/stf/wp/hakusyo/kousei/19/backdata/01-01-01-06.html（二〇二三年二月二三日閲覧）。
（15）早尾貴紀、『希望のディアスポラ――移民・難民をめぐる政治史』、春秋社、二〇二〇、一一九頁。
（16）ジョルジオ・アガンベン、『ホモ・サケル』、高桑和巳訳、以文社、二〇〇三、一七頁、強調原文。
（17）同書一二〇頁、強調原文。
（18）慎泰俊、『ルポ　児童相談所――一時保護所から考える子ども支援』、ちくま新書、二〇一七、七八頁。
（19）同書七九頁。
（20）同書八二頁。
（21）少し古い統計だが平成二三年から二八年のグラフが厚生労働省から出ている。https://www.mhlw.go.jp/content/11900000/000349860.pdf（二〇二〇年四月二二日閲覧）。

また平成三〇年には二万一二七六件に増えている。https://www.e-stat.go.jp/stat-search/files?page=1&query=%E4%B8%80%E6%99%82%E4%BF%9D%E8%AD%B7&layout=dataset&stat_infid=000031907865（二〇二〇年一月一三日閲覧）。

（22）無戸籍者は二〇一六年に七〇二人が把握されている。桜井梓紗、「「無戸籍問題」をめぐる現状と論点」、二〇一六、参議院ＨＰ、https://www.sangiin.go.jp/japanese/annai/chousa/rippou_chousa/backnumber/2016pdf/20161003098.pdf（二〇二〇年四月二五日閲覧）。しかし統計が整備されていないのでさらに多い可能性が高い。

（23）拙著、『子どもたちがつくる町――大阪・西成の子育て支援』、前掲書、一七七頁。

第2章　社会水準の排除

1　恐怖にもとづく排除

社会の同質性と異質性

第1章では国家水準の排除を議論してきた。第2章では社会水準の排除を論じる。国家・社会・家庭という三区分を考えたとき、社会集団における排除や差別がある。法によって規定される国家ではなく、慣習を生み出しながら自律的に自己組織化する社会集団においても排除は問題になる。アーレントが言うように、社会というものがそもそも均質な集団として生まれているとすると、ローカルな社会集団においてもこの均質性という性格は当てはまるだろう。社会集団のメンバーはなにか共通する属性のもとに集まる。そして均質な集団は均質から逸脱する者を産出しつつ排除することで集団を維持しつづける。たとえば現在ダイバーシティが称揚され、多文化共生という耳あたりの良い言葉が広く使われるとともに、実はこれは異質な他者を排除する力となっている可能性がある。社会学者の小ケ谷千穂は次のように書いている。

「共生」という言葉が、「道徳的に正し」く、「目指すべきもの」「そうならなくてはならないよきもの」として認識されているのではないかという感触である。そこでは、「共生」する「相手」としての「他者」の「異質性」（例えば〝民族的マイノリティ〟や〝生活困窮者〟と名指されるような人びとなど）が過度に強調されることで、かえって「われわれ」の同質性が安定的なものとして意識される〔…〕(1)。

あるいはさまざまな暗黙の習慣があるということ自体が、この「暗黙の習慣」に通じていない人を排除するという匿名の運動を織り込んでいる。さまざまないじめや村八分といった事象は社会集団における排除の典型例である。

長期間にわたって差別との闘いが行われてきたのにもかかわらず消える気配がないということは、差別が現代の社会構造そのものに組み込まれているからではないのかという疑念を抱かせる。ブラック・フェミニズムの理論家ベル・フックスが主張した「フェミニズムとは性差別をなくし、性差別的な抑圧をなくす運動」というマニフェストは、差別がなくなる気配を見せない現在でも有効だろう(2)。集団は均質な集団を求め、異質な人を排除しようとする力動をもつ。異質なものとの共生という多文化共生の理念は、マジョリティ側が主張したものにすぎず、外国出身の人の文化を日本へと同化させようとする強い圧力となる。あるいは被差別部落差別や在日コリアンへの差別といった排除の歴史を隠蔽する口当たりの良い言葉として働く。

執拗に被差別集団にラベルを貼って排除する差別とは異なる力動もある。教室でのいじめのように排除の対象がころころと変化し、加害と被害が入れ替わるような場合もある(3)。加害と被害の流動性は、社会集団というものがそもそも排除を生み出すことで自己組織化する組織であることを暗示している。

差別と恐怖の感情

国家による排除と社会における排除はしばしば混じり合うが、切り分けのポイントは「感情」である。国家は表向きには法制度によって乾いた排除を導入するのに対し、社会における差別や迫害は感情で作動する。たとえば、在日コリアンへの差別やハンセン病差別のようにもともと国家によって組織化されている差別であっても、国家の意図に踊らされた社会による自発的な差別として機能することも多い。もしかするともう少し複雑で、もともと存在したハンセン病差別の感情を国家が利用して隔離政策を進め、さらに国家が国民の差別感情を煽ったとも言える。つまり社会のなかにある差別感情を国家が利用したケースもあるだろう。

たとえば、授業で学生に「西成は危ないから行ってはダメと言われたことがある人」と尋ねると少なくない学生が手を挙げる。実際には犯罪率が高いわけではないのだが、差別意識が恐怖に転換されており、それが親世代から学生へと伝達される。しかもあいりん地区（釜ヶ崎）は、大阪の都市開発のために日雇い労働者の集住が行政とデベロッパーによって誘導されて生まれたものと言われる。このケースでも、差別は、差別する側が持つ恐怖という感情として生じているが、背景には行政による都市計画という組織的な動きがある。

人類学者で精神科医である宮地尚子は社会集団による暴力の背景で働く恐怖に焦点を当てて次のように述べている。差別の加害者はしばしば、恐怖や不安におののき自分こそが被害者だと感じている。

私としては〔…〕加害者の被害者意識、誰もがみな「自分たちこそ被害者」だと思っているという現象を、それと関連する「恐怖」という感情とともに、ここで考えてみたいと思う。

まわりから「客観的」に見れば、虐殺者、加害者とみなされる人たちもみな、自分たちこそ被害者だと思っているということ、「切迫した恐怖と焦燥に駆られ」てやむなく攻撃に転じるということ、それは考えてみれば、かなりありふれた現象と言えるだろう。

米国の南部で、白人婦女子の安全を脅かしたかどで、どれほど多くの黒人がひどいリンチの末に殺されてきたか、関東大震災の後に朝鮮人暴動説が流れ、それをどれほど多くの日本人が信じ、殺戮にまわったか、イスラエルにおいて国家の安全を脅かすという理由で、どれほど多くのアラブ系の共住者たちの血が流されてきたか、とりあえずは、それだけでも例は十分であろう(4)。

加害者は「自分が被害者である」と思いこんでいる。加害者側のほうが脅かされているという恐怖・不安を感じ、それゆえにスケープゴートにされた被害者を排除する。あるいはコロナ禍における「マスク警察」と呼ばれる人たちがそうであったように自分にとっての「正義」に自己同一化して、その枠から外れているように見える人を攻撃する。

気分と共同体——ハイデガーから今村仁司へ

感情は均質な集団のエートスとして機能する。感情は決して個人的なものでも個性的なものでもなく、匿名的な集団を動かすドライブなのだ。哲学者のメルロ＝ポンティは発達心理学者のアンリ・ワロンを引用しながら幼児の対人関係における感情の伝染という現象を論じた(5)。子どもが泣きだすと関係がない隣の子どもも泣き出す、あるいは自分が叩いて友だちを泣かしたのに「叩かれた」と泣き出す。子どもたちはそもそも感情を共有しており、そこから集団が形成されているのだ(6)。

感情の共有が幼児に遡るというのは大事なポイントだ。理性的な判断が発達するよりも前に感情の共有のメカニズムは働き出す。あるいは考えることが面倒になったときに、人は容易に集団の感情に流される。感情や気分の共有によって社会集団が成立するという議論は、均質化を強要する力動によって排除が生まれるという事実を説明する補強となる。社会学の祖であるデュルケームが集合的な圧力を軸にして「社会」を定義する際にも、感情に働きかける道徳的格律の拘束力を問題にしている。

もし私が世間の慣習にしたがわなければ、〔…〕私のまねく嘲笑や人びとが私にいだく反感は、より緩和されたかたちでながら、いわゆる刑罰に類した効果をもたらす。(7)

慣習による社会の統一は感情によって制御されている。国家の水準のように明文法や規則といった論理ではなく、感情に支えられた慣習という暗黙の強制力が、排除と攻撃のロジックとなりしかも法律と同様の拘束力を持つ。

ハイデガーが共同体を貫くエートスとして取り出した、根本気分 Grundstimmung という概念も思い出される。ナチスに協力したハイデガーはその当時、共同体の基盤にあって統一する原理として根本気分を論じた。(8)ナチスが政権を奪取した翌年、ハイデガーはドイツロマン派の詩人ヘルダーリンの『ゲルマーニエン』を論じた講義で次のように述べている。

そうやすやすと民族の神々は得られるものではない。まず神々の遁走が経験とならねばならぬ。そしてその経験が現存在を、ひとつの全体としての歴史的民族が神々なきことと引き裂かれてあることの困窮を耐え抜く、その根本気分の中へ突き入れねばならないのだ。詩人が我々の民族の歴史的現存在の中に建立するのはこの根本気分である(9)。

根本気分はハイデガーにおいては民族を創設する集合的経験だ。彼によるとヘルダーリンの詩において、「神々の不在」を集団として経験することが民族の創設として語られる。同じ講義のなかでハイデガーは、根本気分を通して可能になる「根源的な共同社会」の例を前線兵士の戦友意識に求める。そしてその起源を、「犠牲の死がすぐそばにあることがみんなをあらかじめ同じ虚無性の中へ置き入れており、そのためこの虚無性が絶対的な相互帰属の原因となった」と述べている(10)。ここでの根本気分は兵士が共有するという「虚無性」だ。

しかし根本気分は、戦争を引き合いに出していることから類推できるように、集団を統一すると同時に異物を排除する原理にもなる。ハイデガーが持っていたと言われるユダヤ人に対する差別意識をここでは云々しないとしても、彼が気分というものを、共同体を統べる原理として肯定的側面のみ議論していることは、排除の側面に盲目的だったことを示す点で興味深い。

情動と集団の関係を扱った議論として再び今村仁司を思いだすことができる。今村は恐怖の感情と共同体における排除の論理を結びつけた。

排除されるに「値する」ものが現前することで、多数派の共同体を恐慌におとしいれ、排除行動へと結束させる場合も多い。これが人種差別に見られる排除線の動き方である[11]。

今村は第三項の排除という概念で、共同体が排除を産出しつつ均質な集団として維持される運動を描いた。

メラニー・クラインの分裂妄想態勢

社会水準の排除は感情とりわけ恐怖と憎悪によって起動する。そして排除と恐怖のつながりは、フロイトやメラニー・クラインに遡ることができる心理学的な問題でもある。ここではメラニー・クラインが子どもの心理的な機序として提案した分裂妄想ポジションを例として取り上げてみる。ハイデガーの講義と同時期に、メラニー・クラインは攻撃性の投影が無意識的な排除のメカニズムになるという、妄想分裂ポジションのアイディアを提示している。

生の初めから、破壊衝動が対象に向かい、まず最初に、母親の乳房に対する空想的口愛的サディズム的攻撃として表される。そしてこの攻撃はすぐに、ありとあらゆるサディズム的方法を用いた、母親の身体に向かう猛攻撃へと発展していく。母親の身体から良い内容を奪い取ろうとする乳児の口愛的サディズム的衝動と、自分の排泄物を母親のなかに入れようとする肛門的サディズム的衝動（内部から母親を操作するために、母親の身体に侵入したいという欲望も含む）から生じる迫害的恐怖が、パラノイアと精神分裂病の発展に、重要な意味を持つのである[12]。

妄想分裂ポジションとクラインが名付けた乳児期の子どもは、ミルクを与えてくれる「良い対象（乳房）」とミルクをくれない「悪い対象（乳房）」を別々のものとして認知しているという。母親という人格が統合され、〈ママがミルクをくれるときもあればくれないときもある〉と分かるのはもっとあと、抑うつポジションに至ってからだというのだ。分裂妄想ポジションの段階では〈ミルクをくれない悪い乳房に襲われる〉と子どもは考えるという。なぜ迫害されていると感じるかというと、子どもが悪い対象（乳房）をおしっこやうんちといった強力な武器で攻撃するのに対して、投影の働きによって、子どもの攻撃性が相手から子どもに向かう迫害へと変換されるからだ。それゆえ悪い対象が子どもを迫害すると感じられる。しかし子どもが感じる迫害は、子どもの攻撃性の投影である。大事なことは、この恐怖が自らの攻撃性に由来する幻想だということだ。メラニー・クラインに従うなら、排除は人間のプリミティブかつ無意識の感情の動きだということになる。排除は人間の避けがたい性《さが》なのだ。

差別の論理を考える場合にここがポイントになる。新型コロナウィルスのパンデミックで市民が医療従事者を差別したときにも、自分の生死を脅かすと想定される存在を設定してこの対象を攻撃・排除すると同時に、自分は脅かされていると恐怖を感じるのである。自らは脅かされていると感じつつ、異質な他者を攻撃して異物を排除しようとする。社会が自己保存のために外敵を想定して恐怖を煽るのは、このように乳児期に遡る原始的な心性と並行関係にある。そしてメルロ＝ポンティが示したとおり、乳児の心理においては感情の伝染が集団を作る。個人の水準で不安が伝染するだけでなく、集団の水準でも幼児期の感情の動きが出てしまう。このような原始的な情動がマジョリティ集団で起きたときに、恐怖に煽られてマイノリティ差別・暴力が起きるのだ。

そしてこの感情の動きは無意識のものであるから、自分が差別・排除していることには気づかない。問いただしたとしても、政治家の釈明に見られるように「差別する意図はなかった」と答えるだけだろう。ということは、私たちの誰もが不安や恐怖・嫌悪感にかられて誰かを差別することはあり、今もしているかもしれないということだ。

2　コロナ禍で働いた排除の力

コロナウイルスをめぐる隔離と排除

社会における排除を論じてきたここまでの議論にとってコロナは範例的な事例となる。二〇二〇年における新型コロナウイルス感染症は、ある一つの事象が地球に住むすべての人に同時的に影響を与える歴史上も稀有な例になった。日本では二〇二〇年の初頭から始まった新型コロナウイルスをめぐるさまざまな騒動は排除と隔離の政治の格好の教材となった。

二〇二〇年にあいついで起きた出来事は象徴的だった。まずは疫学上の「理由」と恐怖がないまぜになる形で患者の隔離が行われた。ことはそれだけではすまなかった。まず政府は法令を無視する形で小中学校の休校を決め混乱を作り出した。さらに緊急事態宣言を可能にする法制化も話題になった。法律が宙吊りにされることが正当化されたのだ。法令の外での政治的な決断は、(アガンベンが影響を受けた)カール・シュミットが例外状態と呼んだもの[13]だ。シュミットの場合は、ワイマール共和国末期の社会経済的な非常事態において国家元首が戒厳令を決断することを支持したのだが、コロナ禍では類似の状況が生じたのだった。

差別に関して言うと、コロナ禍の初期においては「まだ感染が拡がっていない地域の人」が、「感染地域の人」を排除する動きが生じた。はじめはコロナウイルスの発生源とみなされた中国人への差別と重なり、次に外国から帰国した日本人の排除につながり、次に東京の人を地方の人が排除する動きになった。さらには医療者の家族が差別を受け、たとえば子どもの保育園への登園が拒否されている。たとえばコロナ禍の初期には次のような語りが看護師から聞かれた。

「この子は中央病院に働いているから」ということで、ちょっと数日姿が見えないと「あんたコロナだったんでしょ」と、元気なのになぜか言われる。近所のスーパーで「あんた〇〇病院に勤めてるのになんで買い物してんの？　なんでいんの？　ここに」と言われる。そういうスタッフがたくさんいました。そういう差別がすごくあって、秘密にしなければいけないことと誹謗中傷でみんな非常に気持ちが疲れてきてしまっている、という状況だったんです。(14)

あるいは自粛要請に従わない店舗を自警団さながら告発しようとした人たちは、不安や恐怖という感情に突き動かされて、同調圧力を正義と取り違えて排除の線を生み出している。流行地域が刻一刻と変化するため、排除する人と排除される人の境界線もつねに変化したことから、この「恐怖」感情を切り分けの線とした集団的排除が見えやすくなった。

不安と差別

興味深いのは、病を避ける不安と、古くからの差別意識が奇妙な仕方で連動しており、人々の間では両者が区別されることがないということだ。これら社会と国家双方の水準で起きた隔離と排除の動きは、個別の事象よりも手前に〈異物を排除したい〉という集団的な不安がベースにあり、この空気がそのつどのきっかけに応じて多様な差別として現象するという仕方をとっている。関東大震災の際に、井戸に毒を入れたというデマから朝鮮人虐殺が起きた事件はよく知られている。これももともとあった差別意識に、災害による恐怖・不安が結びついた事例である。このような排除の動きは、あたかも免疫システムが異物を自動的に排除することで自己の境界を確定・維持するのと同じようである。[15] 感染症の流行をきっかけとして差別や排除が起こった事例は過去にさまざま残る。不安や恐怖といった気分は匿名でかつ偏在しているだろう。

3　優生思想と自己責任論

津久井やまゆり園事件

二〇一六年七月二六日未明津久井やまゆり園の元職員植松聖《さとし》が同園に忍び込み一九人の障害者を殺し、二六人を傷つけた事件は日本社会を震撼させた。犯行の残忍さだけでなく、彼が自分の殺人を正当化し、優生思想を主張したことも一つの要因である。収監後に行われた多くの人との面会や文通のなかでも一貫して、植松は重度心身障害者（彼の造語でいうところの「心失者」）の殺害が、世界にとっての善であると主張してきた。植松の言葉をいくつか引用してみる。

人間として70年養う為にはどれだけの金と人手、物資が奪われているか考え、泥水をススり飲み死んで逝く子どもを想えば、心失者のめんどうをみている場合ではありません。心失者を擁護する者は、心失者が産む〝幸せ〟と〝不幸〟を比べる天秤が壊れて、単純な算数ができていないだけです。〔…〕目の前に助けるべき人がいれば助け、殺すべき者がいれば殺すのも致し方がありません。(16)

彼は食事、移動、排せつができなくなったら人間じゃない、と言いました。それができなくなったら生きていても仕方がない、というような教育が必要だとも言いました。(17)

記者：３年前の事件について改めて今考えるとどうですか?

植松被告：ベストを尽くしています。できる限りのことをやったと思っています。

記者：３年間で自身の中に変化はありますか?

植松被告：変わったというより深まってきています。『意思疎通ができない人は有害である』と説明できるようになりました。(18)

意思疎通ができず、他の人によるケアがなければ生活できない障害者は（社会の負担になるから）殺すべきだというのが彼の一貫した主張である。この主張は、ナチスによる障害者の安楽死政策のイデオローグとして用いられたドイツの医師ビンディングが提示した議論(19)とほぼ同じものであることはすでに多くの人が指摘しているところである。

植松は障害者を自分と同じ人間として考慮していない。健常者に限定された「人間」にとっての益があるかないかだけを問題にしている。それゆえ自分が殺した人たちが、何を望んでいて、何を感じ何を経験したのかという問いは立ててはいない。あるいは障害者自身にとっての幸せという問いは立てていない。そうではなくあくまで家族や社会にとっての「〔植松の目から見た独善的な〕幸せ」である。

二〇二〇年になってやまゆり園で職員たちによる集団的な虐待が横行していたという中間報告書が提出された[20]。周囲のスタッフを見た植松は、虐待が当然だと考えたのかもしれない。あるいは逆にもしかすると彼は虐待される障害者たちの「不幸」に心を痛めていたのかもしれない。この「不幸」をなかったことにするために、意思疎通ができる人にのみに人格を与える主張にいたったのかもしれないが、その点は定かでない。

やまゆり園の事件においては、恐怖に基づく排除の運動とは少し異なる社会的排除が起きている。異質な他者に対して恐怖を抱いて排除するのではなく、社会内部で役に立つかどうかを巡ってとくに経済的な効果に照らして序列化を行い、その帰結として不要とされた者を社会の外へと排除する。

功利主義と競争社会

恐怖にねざして異質なものを排除しようとする古来の差別とは異なる、二〇世紀に生まれた社会水準の差別がある。「序列化」である。今の社会は多くの場合、就労しいくら稼ぐのかといった経済的な有用性で人々が序列化される。経済的に役に立つか立たないか、優れているのか劣るのかという価値観だ。有用性にもとづく合理化と画一化は近代社会を支配する論理だった。そのなかで人間は序列化された。学歴や収入はその端的な例であろう。同調圧力から外れる異物を〔恐怖を媒介として〕排除するプリミティブな力学とともに、社会集団を数値によって均一化するとともに数値による序列化という差異を導入するという近代的な力学が働く。プリミティブな力学は誰もが持っている心性であり、恐怖にもとづいて異邦人を排除しようとする人を責めることはできない。そして近代社会の力学である序列化と競争主義は、私たちがそのなかに巻き込まれている現代社会の条件であり、これもまた個人の責任ではない。数値という均一の価値で社会が統一されるがゆえに、（外部へ向けては排除される人たちを生み出しつつ）社会内部で序列という差異が導入される。排除、均一化、差別化といった一見矛盾した複数の力が社会を形作り、私たちを差別や排除へと導く。個人の責任ではない大きな力が働いているからこそ、この力に気づいて差別や排除とは異なる生存のしかたを探す必要がある。

数値と有用性によって社会を測る議論は、功利主義という倫理を背景に持つ(21)。ところが「最大多数の最大幸福」つまり結局は「他者に利益をもたらす人間が価値を持ち優先される」という功利主義は、一歩間違えると多数者のための幸福の道徳であると同時に少数者・弱くされた人を差別する排除の力としても働く。社会学者の大澤真幸は、津久井やまゆり園の事件を論じるなかで次のように書く。

だが、功利主義は危険な思想である。功利主義に基づくと、他人に多くの快楽や幸福をもたらすことができる人の生は重んじられ、逆に、他人に苦労を要求せざるを得ない弱者の生は軽いものになってしまうからだ。その弱者には、障害者や老人が含まれる(22)。

功利的な序列は、集団の範囲が十分広いときには単なる序列として機能する。ところが（たとえばコロナ禍におけるように）集団の範囲が狭められたときには、集団の外部へと排除する「命の選別」という排除の論理となりうる。医療の世界ではたとえば人工呼吸器の配分をめぐるトリアージにおいて起こりうるジレンマである。功利主義は一九世紀後半にスペンサー流の社会進化論とくみあわさったときに、[23]「役に立つ人間」と「役に立たない人間」を生み出した。価値が数値化・（客観的な指標によって）外在化され一直線に序列化することが可能になる。このとき生まれるのが「より優秀な子孫を残す」ことを主張する優生学である。[24]

優生学で先鋭化した社会の序列化は、障害を持った生命や社会にとって不適格な存在を排除しようとする優生思想にいたる。こうして生まれるのが命の線引きであり排除の論理である。異物を恐れて排除する同質社会の幻想と、優れた子孫からなる同質社会の幻想が、優生思想という排除の論理を生む。

自己責任論

この社会に内在したかたちでもう一つ序列を強化する論理が自己責任論である。貧困は自分が努力しなかったせいだというのだ。そもそも逆境で生まれ育った人は教育へのアクセスも就労へのアクセスも困難であり、さまざまな仕方でハンディキャップを負っている。安心して学校に通うことをゆるす生活環境が整っていないときに勉強に集中することはできない。つまり決して「怠けている」わけではない。

他方で、「自己責任」を主張する強者は、自らが持つマジョリティ特権に気づいていないだけでなく気づこうとしない。「努力」によって困難を克服したマイノリティも、しばしばマジョリティ化して自己責任を主張し、困難を抱え続けている同胞を責める。自分が成功しているのはたまたま（親の経済力、都市部生まれ、男性といった）恵まれた条件で下駄を履かせてもらって努力しうる環境にあったからだということに気づかないからだ。

今確認したいのはこのような自己責任論が、差別と排除を支える論理となるということだ。制度による保護を受けずにすき間に陥ってしまった人はすべて「自己責任」の結果とみなされ、社会から排除されることが正当化されている。序列化が自己責任に帰される当然の帰結とみなされると、「努力しないのが悪い」と劣位に置かれた人を排除することが正当化されてしまう。そもそも今の日本において、責任という言葉はおおむね誰かを責めるために使われる。責任という言葉自体に、集団から排除しようとする力が含まれている。

自己責任論のもう一つの問題は、これが「後出しジャンケン」だということだ。玉手慎太郎は、失業や貧困などすでに起こってしまった過去に関わる自己責任と、（これからワクチンを打つかどうかなど）未来の行為に関わる自己責任を区別した上で、前者を批判し後者を擁護した[25]。前者は一般に言われる自己責任論だ。後者は未来の行為を選択する際の自由に関わる。玉手が明らかにしたのは、一般に自己責任論と呼ばれているものが過去に関わるものであるということだった。つまり社会から強いられてすでに起きてしまったハンディキャップについて「お前が悪い」と責任を問うのはフェアではない。自己責任論に対抗しうるのは、個人の困難にはつねに社会的な原因があるという理解と、誰もが生存する権利を持つのだから社会の側がセーフティネットを整えるべきだという主張だ。

注

（1）小ケ谷千穂、「共生を学び捨てる——多様性の実践に向けて」、『多様性との対話——ダイバーシティ推進が見えなくするもの』、青弓社、二〇二二、一七七頁。

(2) ベル・フックス、『フェミニズムはみんなのもの――情熱の政治学』、堀田碧訳、エトセトラ・ブックス、二〇二〇年、二〇頁。
(3) 森田洋司、『いじめとは何か――教室の問題、社会の問題』、中公新書、二〇一〇、七六頁。
(4) 宮地尚子、『トラウマの医療人類学』、みすず書房、二〇〇五、二六頁。
(5) モーリス・メルロ＝ポンティ、「幼児の対人関係」、『眼と精神』、滝浦静雄、木田元訳、みすず書房、一九六六。
(6) 同書。
(7) デュルケーム、『社会学的方法の規準』、前掲書、五三頁。
(8) マルティン・ハイデッガー、『ハイデッガー全集三九　ヘルダーリンの讃歌『ゲルマーニエン』と『ライン』』、木下康光、ハインリヒ・トレチアック訳、東京大学出版会、二〇二一。マルティン・ハイデッガー、『ハイデッガー全集五二　ヘルダーリンの讃歌『回想』』、三木正之、ハインリッヒ・トレチアック訳、東京大学出版会、二〇二一。マルティン・ハイデッガー、『ハイデッガー全集五三　ヘルダーリンの讃歌『イスター』』、三木正之、エルマー・ヴァインマイアー訳、東京大学出版会、二〇二一。
(9) ハイデッガー、『ハイデッガー全集三九　ヘルダーリンの讃歌『ゲルマーニエン』と『ライン』』、前掲書、九二頁、訳語を一部変更した。
(10) 同書八三頁。
(11) 今村仁司、『排除の構造』、ちくま学芸文庫、一九九二、二二九頁。
(12) メラニー・クライン、『妄想的・分裂的世界』、小此木啓吾、岩崎徹也編訳、誠信書房、一九八五、四頁。
(13) カール・シュミット、『政治神学』、田中浩、原田武雄訳、未来社、一九七一。
(14) 三浦麻子、村上靖彦、平井啓編『異なる景色――新型コロナウイルス感染禍に際する感染経験者・医療従事者へのインタビュー記録』、https://sites.google.com/view/hsp2020/InterviewTranscripts（二〇二一年六月一六日閲覧）、一二六頁。

(15) 多田富雄、『免疫の意味論』、青土社、一九九三。

(16) RKB毎日放送 報道制作局次長 兼 東京報道部長 神戸金史宛の書簡、https://note.com/tbsnews/n/n456bf8cc5964（二〇二〇年五月二二日閲覧）。

(17) NPO「抱樸（ほうぼく）」理事長奥田知志、https://mainichi.jp/articles/20191213/k00/00m/040/313000c（二〇二〇年五月二二日閲覧）。

(18) フジテレビの記者との会話、https://www.fnn.jp/articles/-/22830（二〇二〇年一月七日放送。二〇二〇年五月二二日閲覧）。

(19) 森下直貴、佐野誠編、『「生きるに値しない命」とは誰のことか――ナチス安楽死思想の原典を読む』、窓社、二〇〇一。

(20) 津久井やまゆり園利用者支援検証委員会、『津久井やまゆり園利用者支援検証委員会中間報告書』、二〇二〇年五月、https://www.pref.kanagawa.jp/documents/62352/r20518kousei01_2.pdf（二〇二〇年七月二日閲覧）。

(21) ジョン・スチュワート・ミル、『功利主義』、関口正司訳、岩波文庫、二〇二一。

(22) 大澤真幸、「この不安をどうしたら取り除くことができるのか」、『現代思想』緊急特集相模原障害者殺傷事件、二〇一六年一〇月号、四二頁。

(23) ハーバード・スペンサー、『ハーバード・スペンサー・コレクション』、森村進訳、ちくま学芸文庫、二〇一七。

(24) エドウィン・ブラック、『弱者に仕掛けた戦争――アメリカ優生学運動の歴史』、貴堂嘉之監修、編集、西川美樹訳、人文書院、二〇二二。

(25) 玉手慎太郎、『公衆衛生の倫理学――国家は健康にどこまで介入すべきか』、筑摩選書、二〇二二。

第3章　家の水準の排除

1　家と政治

アンティゴネー——神の法と暴力

第1章で国家による排除、第2章で差別などの社会的な排除を議論してきた。排除の三つ目の区分は、国家よりも社会集団よりも小さい集団である「家」のなかでの排除、すなわちDVや虐待である。家という場、家族という集団は古来特別な意味を持つものとして位置づけられていた。ソフォクレスの悲劇『アンティゴネー』の主人公は、家を司るのは神の掟・正義（ディケ）であって、国家を司る国王の掟ではないと言い放つ。アンティゴネーは神の掟に従うがゆえに非業の死を遂げた兄を、国王の命令に背いてまでも丁重に埋葬しようとする。

アンティゴネー　〔兄ポリュネイケースの埋葬を禁じる〕お布令を出したお方がゼウスさまではなし、あの世をおさめる神々といっしょにおいでの正義〔ディケ〕の女神が、そうした掟を、人間の夜にお立てになったわけでもありません。また〔国王である〕あなたのお布令に、そんな力があるとも思えませんでしたもの、書き記されてはいなくても揺るぎない神さま方がお定めの掟を、人間のみで破りすてができようなどと。(1)

家族を司る秩序・法は、国が決めるものではなく侵し難い神聖な正義なのだという。とすると家は国家よりも強力な規範が支配する場でもあることになる。

あるいはヘラクレイトスは家の竈（ヘスティア）を指して「ここにもまた神々がいる(2)」と語ったという。ギリシアの人にとって家とは神々が統べる領域だったのだ。日本でも神棚という祖先崇拝は、国家規範や社会規範とは異なる宗教の秩序を家に招き入れている。神棚はないとしても、家という場が、法律が司る公共生活とは異なる秩序に属すとみなす人が少なくないことは変わらないだろう。

家と安心の表象

家には古来より避難場所、安全地帯、安心の場としての表象がともなっている。もちろん発達心理学的にも養育者によるケアと子どもが持つ愛着は子どもの生存の条件であり、これは公共世界から切り離されて守られた「家」という場所で可能になる安心だった。近現代においては、資本主義経済を支える単位として核家族が登場し、無償での女性のケア労働と家父長制もまた資本主義経済の手段として利用されてきた。家は政治経済化されたのであるが、しかし避難所としての機能は、表向きは無償のケア労働としてむしろ強化されたようにも見える。

ところで、安全な場としての家は、家がはらむ暴力と表裏一体のものである。この公共生活からの隠匿ゆえに、家においてはしつけや体罰といった仕方で、社会で行ったら刑法に触れるような暴力が容認されてきた。ＤＶと虐待は安心の場所としての家を恐怖の場へと反転し、犠牲者は家のなかで自らの場所を失う。自らの存在の本質的な居場所であるはずの家にしばりつけられつつ排除される。つまり力が行使されるがゆえに家もまた政治の場なのだ。

ジェンダー論は、「家」という事象が政治の場であることを明らかにしてきた。

しかし、家族は政治制度であり、法と社会の諸制度によって根本的な仕方で定義され形づくられているということが、いまでは広く承認されている。もっと言えば、家族における諸々の情操は自然本性的なものとはほど遠いということも明らかとなっているはずである〔…〕[3]。

家もまた政治の場なのだが、国家と同じ政治なのかどうかは議論の余地があるだろう。古代の人が神の掟と呼んだ治外法権のなかに、資本主義的な国家が介入し、むしろ公共性を欠いた政治の場として家が登場する。それゆえにこそ家において生存を脅かす排除が生じている。

2　虐待と住居の内破

世田谷の虐待死事件

二〇一八年に目黒区で五歳の少女が身体的虐待の末、餓死した。直接の加害者は父だったが、虐待を見逃した母親も起訴された。拘留中に、娘の死にいたる克明な記録を著した母親の手記が出版された。

〔結愛の〕目の周りに〔父親から殴られて〕アザができた2月初旬、私は結愛の顔を正面から見つめた。その瞬間、心が口から出そうになりときが止まるのを感じた。その日以来、結愛の顔をまともに見ることができずにいたが、20日が近づいてきたころ、目の周りの消えかかったアザが青から黒に変わっていた。〔…〕昨日からの記憶（昨日の結愛の状態）と今日がうまくつながっている日は元気がなくなっていると感じる。だけど昨日と今日がつながっておらず、今日はじめて結愛を見たように感じる日は、結愛の元気がなくなっていることに気づかない。(4)

父が母をＤＶで支配するなかで、父の暴力から娘を守る手段として母は父の命令に盲従することになる。娘に対する暴力は母から見えないところで行われていたのだが、ある日気づいたとき「心が口から出そうになりときが止まる」。こうして母親は解離を起こし、娘への虐待という目の前で起きている耐え難い出来事を意識から遮断している（「昨日と今日がつながっておらず、今日はじめて結愛を見たように感じる日は、結愛の元気がなくなっていることに気づかない。」）。娘の傷に「気がつかない」ということはおそらく言い逃れではない。

虐待やDVの臨床においてはしばしば解離という症状が問題になる。意識が飛んだり、記憶がなくなることによって耐え難い苦痛から逃れるのだが、これは逃亡することもできず家のなかで暴力を受けて家からも排除された人が、自分自身の身体と意識からも自分を逃がす防衛である。

現実の恐怖のなかでなすすべがなくなる事態はジュディス・ハーマンが詳細に記述した。

危険から逃れられないという状況は、時には、ただ単に恐怖と怒りを誘い起こすばかりではない。逆説的であるが、超然とした心の平静さをもたらすのであり、恐怖も怒りも痛みもその中に溶け込んでしまう。意識は事件を記録し続けているが、その事件なるものが通常の意味から切り離されているかのように記録するのである。〔…〕時間感覚も変化することがあって、よくあるのはものの動きがゆっくりになったという感じであり、また体験が〈通常の現実〉という質を失うこともある。(5)

夫による暴力と支配のなかで家から逃げ出すこともできない母親は心理的には解離を起こす。

他方で夫の側は（自身の傷を隠蔽する）いびつな万能感によって、あるいは万能感が破れた瞬間のパニックによって暴力を振るう。万能感はもっとも乳児的な心性だ。無力な乳児は母親からすべてのニーズを満たされているがゆえに万能感の錯覚を持つと論じたのはウィニコットだった。(6)もし暴力を振るう側が万能感という乳児的な心性の段階でそれが破れる恐怖から暴力をふるうとすると、被害者において脅かされる基本的な安全や安心と表裏の関係にある（そして被害者は加害者の万能感を支えるために奉仕している）。妻だけでなく加害者である夫も（少なくとも無意識的には）原初的な水準の安全を脅かされているのだ。

結愛ちゃんの父親は、妻から見えないところで彼女に暴力を加えた。虐待は家という、社会から見えない密室のなかのさらに隠れた場所で起きる出来事である。一番弱い存在である女性や子どもがそのような非場所で暴力を受ける。虐待やＤＶの被害者は、暴力から逃れて家から逃げたとしても、不安定な経済状態と社会的な身分で今度は社会制度のすき間に追いやられる。あるいは加害者もまたしばしば社会のなかですでにすき間へと追いやられている人だ。このような仕方で家からの排除と国家や社会からの排除がリンクする。

医療人類学者のジョアオ・ビールが、精神病患者やエイズ患者が遺棄されるブラジルのコロニーを描いた『ヴィータ』の主人公であるカタリナもまたそのような女性だった。精神病でかつまひをもつために歩行困難になっているカタリナは、手に負えないとみなされて家族からヴィータに遺棄された女性だ。しかしビールが調査を進めていくと、実際にはむしろ家族のなかで起きていた排除を精神科医療が複雑化し回復不可能なものにし、最終的に施設への遺棄という帰結を生んでいる。

カタリナはずっと話を聞いていた。私はカタリナとの会話を再開して、彼女に尋ねた。どうして家族や近所の人や病院は、人をヴィータに入れるんだろうか。

「ここにいるほうがいいって言っている。家で放ったらかしにされてひとりぼっちにならないように……ここにはわたしたちみたいな人がたくさんいるからって……わたしたちは一緒に社会をつくっているのよ、身体が集まってできた社会を」。そしてこうつけ加えた。「家族はわたしのことをまだ覚えているかもしれないけれど、わたしに会いたがってはいない(7)」

排除は「常に家族をとおしておこなわれる」(8)とビールは語る。そしてヴィータは、カタリナが「わたしたちは一緒に社会をつくっているのよ、身体が集まってできた社会を」と語るように、社会から排除された者たちの社会である。

もともと家は社会から隔てられた領域であり、法律というものが基本的には社会生活に関わるものであるため家はその外側にある。社会で行えば罰せられる暴力は、家のなかでは「体罰」という名のもとに罰せられることはない。くりかえしになるがアリストテレスは『政治学』のなかで生命を公的な生であるビオスと家で営まれる生物としての生、生存としての生であるゾーエーに区分した。家は自然の危険を避けるのみならず国家や社会から隠れた安全地帯として想定されているであろうが、この家が安全地帯ではなくなる場合、生存を確保できる場所が存在しなくなる。そもそも生物としての生存の場所であった家での安全と生存が保証されない状況がありうる。子どもの場合には他に生存の場所がないわけだから、逃げる場所がないし逃げようとすら思えない。

深刻な虐待やＤＶの被害に遭い、しかも声を上げることができない人たちは、〈法規範の外側にあってかつ安全が保証されない〉という点だけを見ると、強制収容所や入国管理事務所のような国家による排除や迫害と類似する立場に置かれている。少なくとも排除の形は鏡合わせのようだ。虐待で家から排除された子どもが、一時保護所において再度行政によって人権を奪われるとき、出口のなさにおいて対をなしているように見える。社会全体のひずみは、法のおよぶ領域の外側に押し出される形で「入国管理事務所」や「一時保護所」といった治外法権の場所をつくるとともに、法のおよびにくい家において弱い存在つまり子どもや女性にのしかかることになるのだ。

剝き出しの生と住居の内破

アガンベンは、人権を剝奪された生を「剝き出しの生」と呼んだ。剝き出しの生は「殺害可能だが、犠牲化不可能な生」だ。先ほどの引用でカタリナが「身体が集まってできた社会」と呼んだヴィータは、まさに剝き出しの生でできた場所だ。アガンベンの議論は、家族内で起こる児童虐待が持つ存在論的な意味合いについての示唆を与えてくれる。例外状態は、社会と法権利から除外された状態として定義されている。

アガンベンはアリストテレスを次のように読んでいる。ポリスは人間が活動的な主体となるビオス（公共的および政治的行動によって構成された生）の体制だが、住居はゾーエーの領域すなわち生存および再生産によって表される生物学的生の領域であり古典的にはポリスから切り離されている。そして国家＝ポリス（ビオスの領域）は、住居（生存と再生産としてのゾーエーの領域）にもとづいている(9)。

しかし、アガンベンによれば、近代国家はゾーエーを政治化した。再生産される生自体が政治の場となりその極端な状況としてゾーエーのなかに剝き出しの生が生まれる。

近代国家は剝き出しの生という排除された第三項を絶えず作り出しながら自分自身を維持する。たとえば日本で一時保護所や出入国管理事務所のような、国の法律によって人権が守られることなく理不尽な暴力が繰り返される施設が行政によって存続させられていることはアガンベンの議論を補強するものだ。さらにそこにとどまらず、家庭のなかで剝き出しの生が生じることこそが現代社会を特徴づけることになる。つまり住居は、法律で守られてはいないがしかし政治的である生の領域になる。近代国家はこうして住居のなかに剝き出しの生を発明した。近代国家はこの新しい生の形態にもとづいている。アガンベンは児童虐待を例としては挙げていないが、例外状態の事例として家庭内で生じる理不尽な暴力や不払い労働もまたその一例となりえるだろう。住居の内破としての虐待もまた、一見すると社会から排除されてはいるが私たちの社会を秘密裏かつ構造的に支えている例外状態ではないか。

人権を奪われ生と死の境界にある生が、アガンベンが例として挙げた強制収容所ではなく住居のただなかで、すなわち社会からの避難所たる家庭内で起こる。そして虐待は社会のさまざまな歪みが、子どもという最も弱い存在において現れてしまった出来事であり、この社会の歪みは国家水準の排除や不作為にルーツがあることが多い。あたかも住居の内破を産出することで、社会の歪みがガス抜きをしているかのようだ。アガンベンを参照することで、児童虐待に政治的な意味づけを与えられる。

アガンベンにおける剝き出しの生の例は、社会の外部、そして法的権利の外部へと排除された生だ。この観点からすると、虐待とアガンベンの例には違いがある。しかしよく読むと、アガンベン自身も『ホモ・サケル』の冒頭でアリストテレスの『政治学』に言及しつつ、公共空間の生（ビオス）と対置される家（オイコス）の領域の生（ゾーエー）が持つ「生きているという単なる事実」に注意を向けている。[10] 剝き出しの生は、その起源を家における生に持つことが暗示されている。

アガンベンはローマ法におけるホモ・サケルを例として提示することから、剝き出しの生の分析を始めた。[11] ホモ・サケルは殺害可能だが犠牲化不可能な人間のことだ。

主権的圏域とは、殺人罪を犯さず、供犠を執行せずに人を殺害することのできる圏域のことであり、この圏域に捉えられた生こそが、聖なる生、すなわち殺害可能だが犠牲化不可能な生なのである。[12]

アガンベンが現代社会の剝き出しの生について与えた諸々の例——強制収容所の捕囚、植物状態など——はとりわけ「殺害可能」という特徴に関係する。「犠牲化不可能な」側面は彼の挙げる例にはあまり存在しない。そして、まさに児童虐待こそが犠牲化不可能な性格を示している。すなわち虐待は社会の犠牲として位置づけられることが許されない暴力であり、神々の法からの排除、すなわち家族の法からも排除された出来事に他ならないからだ（本章冒頭に引用した『アンティゴネ』がここで回帰する）。

『ホモ・サケル』第二部の第四章において、アガンベンはローマ法における生殺与奪権を検討し、息子に対する父親の殺害の権利を意味するこの法が、家族に対する父親の強制力とは異なるものだと述べる。社会の法の発生そのものが、家庭のただなかにおけるホモ・サケルの産出として生じるのだ[13]。児童虐待についてもほとんど同じことが言える。もともと市民社会から匿われ分離されていた家庭は、虐待において際立った政治の場所になる。虐待は社会から隠されている。しかし実際には、虐待は社会全体のことがらだ。というのも、暴力を受け、排除された子どもは社会のなかにくまなくいるのであり、社会全体の問題として位置づけられるからだ。そして加害者自身もまたしばしば社会のなかで疎外され、何らかの社会的困難を抱えている。

虐待が隠されつつも遍在していることは、まさに現代政治の隠れた基盤となっているのではないか。私がかねてから気になっていることは、例外の遍在（すなわち、虐待）、虐待の隠されているという特徴、およびその世代間的性格がからみ合っていることである。

虐待の遍在、秘密、世代間的な繰り返し、そして民主社会の基盤

虐待が遍在するという推定は、その秘匿されているという特徴と結びついている。虐待はつねに陰に隠れている。そしてこの秘密は、恥、悲しみ、孤独、憎しみ、罪悪感などの否定的な情動に関わる。これらの情動は、通常は住居を特徴づける情動、つまり親密性、安全、穏やかさなどに徹底して対立する。虐待が遍在するとなると、社会が、隠された否定的情動によってどこにおいても支えられていることになる。

児童虐待は、次世代で繰り返されることがあるが、二つの理由を挙げられる。まず社会的な理由がある。虐待の繰り返しの多くは、貧困や疎外などの困難な状況が世代を超えて継続することによる。教育と就労の環境に恵まれなかった人は困難な生活を送り、その子どもたちもまた同じ環境と困難を引き受ける。

第二に、心理学的には、虐待をある種のフラッシュバックとして考えることができる。フラッシュバックにおいては、解離状態のなかで、親が子どものころ経験した行為を繰り返す。反復強迫こそが、虐待の執拗さを生み出している。つまり虐待へと追い込まれた親をこそまず（とりわけ未然に）サポートしない限り、虐待の「連鎖」と不当に呼ばれているものは止まらず、社会的には止める手段があるのだからこれはオートマティックな連鎖などではない(14)。もし現代社会は例外状態にもとづいているというアガンベンの理論が真実ならば、家の内破としての虐待はその具体的な事例となる。虐待の偏在と連鎖は、社会を改革することが非常に難しい理由の一つだ。

「虐待」と呼ばれるかもしれないものは、おそらく古代から発生していた。しかし、虐待が虐待と呼ばれるのは第二次世界大戦以降だ。古来存在したであろう家庭内暴力ではなく、国家・社会・家の三層の排除構造のなかでの「排除された第三項」として位置を獲得した現代において、虐待は「虐待」という名前を持つ。

アガンベンは、例外状態は近代の権力を基礎づける契機であると示した。戦後日本において、このような例外状態は、入管・一時保護所・精神科病院そして家庭における虐待というしかたで現象してきた。

虐待はこうして戦後民主主義の世界における例外状態の範例となる。児童虐待の被害者の遍在は、民主主義の世界の存在論的基礎となりうる。子どもというもっとも弱い存在を放逐しつつ世界が回転しているのだ。すなわち、人権の体制は人権剝奪の遍在にもとづいていることになる。それゆえ一時保護所という公的機関が、保護したはずの虐待された子どもの人権を侵害するという事態は、政治哲学の問いとしても一考に値する。

アガンベンによれば、権力は例外状態を前にして撤退し、この権力が支配する秩序の外で例外状態を捉える。彼は「排除（それは同時に内包でもある）」と述べる[15]。もし暴力の禁止が民主主義の原理の一つであるとしても、民主主義はその領域の影の部分に暴力の一帯が隠れていることになる。虐待はまさに例外状態に対応する。というのも、虐待は民主主義的な国家の内部そのものにおいて無視されたがゆえに、それとして機能した暴力だからだ。信田さよ子が論じてきたように[16]、児童虐待の遍在は単純な心理的問題ではなく、社会と政治の全体的な構造に関連している。

注

（1）ソフォクレス、『アンティゴネ』『ギリシア悲劇Ⅱ』呉茂一訳、ちくま文庫、一九八六、一七二頁。

（2）アリストテレス、『動物部分論』A5. 645a17『動物部分論・動物運動論・動物進行論』、坂下浩司訳、京都大学出版会、二〇〇五。

(3) マーサ・C・ヌスバウム、『正義のフロンティア――障碍者・外国人・動物という境界を越えて』、神島裕子訳、法政大学出版局、二〇一八、一二四頁。
(4) 船戸優里、『結愛（ゆあ）へ――目黒区虐待死事件　母の獄中手記』、小学館、二〇二〇、八四頁。
(5) ジュディス・ハーマン、『心的外傷と回復　増補版』、中井久夫訳、みすず書房、一九九九、六二頁。
(6) ドナルド・ウィニコット、『新版　遊ぶことと現実』、橋本雅雄訳、二〇〇五、第一章。
(7) ジョアオ・ビール、『ヴィータ――遺棄された者たちの生』、桑島薫、水野友美子訳、みすず書房、二〇一九、一〇九頁、傍点はビールによる。
(8) 同書二六五頁。
(9) アガンベン、『ホモ・サケル』、前掲書、一六頁。
(10) 同書八頁。
(11) 同書一一五頁。
(12) 同書一二〇頁、原著では全文強調。
(13) 同書一二五－一二六頁。
(14) 拙著、『母親の孤独から回復する――虐待のグループワーク実践に学ぶ』、講談社選書メチエ、二〇一七。
(15) アガンベン、『ホモ・サケル』、前掲書、一五頁。
(16) 信田さよ子、『家族と国家は共謀する――サバイバルからレジスタンスへ』、角川新書、二〇二一。

第4章　排除の可視化と不可視化、足元に拡がる逆境

1　可視化する排除と感情

被差別部落と可視化

第3章までに提示した三層に区別される排除は、国家・社会・家という集団の大小によって切り分けたものだった。第4章ではもう一つ別の切り口で排除を考えたい。それは可視化する排除と隠れていく排除の区別である。

古典的な差別と排除は、しばしば不条理なラベリングを行い、さらに部落差別やハンセン病の場合はある地理的な場所に囲い込んだ[1]。肌の色による人種差別のようにそれ自体として目に見えるスティグマを作り出す場合だけでなく、目に見えるしるしがなくてもわざわざ可視的なラベルを偽造することであえて可視化する。日本における典型は、居住地域や戸籍という可視的なしるしを作り出す被差別部落への排除であろう。たとえば黒川みどりは被差別部落が明治期以降に「人種」とされて、中世以来の差別が近代的な差別構造へ

と改変されていく歴史を丁寧に追ってきた(2)。

日本においてこの問題を正面から取り上げた代表的な文学作品はいうまでもなく島崎藤村の『破戒』である。主人公で被差別部落出身の瀬川丑松の素性が明らかになる場面を引用する。ここでは可視的な表徴があるはずだという思い込みを通して差別が現出する。

校長は嘆息して、『しかし、驚いたねえ。瀬川君が穢多だなぞとは、夢にも思はなかつた。』

『実際、私も意外でした。』

『見給へ、あの容貌を。皮膚といひ、骨格といひ、別に其様な賤民らしいところが有るとも思はれないぢやないか。』

『ですから世間の人がだまされて居たんでせう。』

『左様ですかねえ。解らないものさねえ。一寸見たところでは、どうしても其様な風に受取れないがねえ。』

『容貌ほど人を欺すものは有ませんさ。そんなら、どうでせう、あの性質は。』

『性質だつても君、其様な判断は下せない。』

『では、校長先生、彼の君の言ふこと為なすことが貴方の眼には不思議にも映りませんか。克よく注意して、瀬川丑松といふ人を御覧なさい――どうでせう、あの物を視るうたがひぶかい目付なぞは。』

『はゝゝゝ、猜疑深いからと言つて、其が穢多の証拠には成らないやね。』

『まあ、聞いて下さい。こなひだまで瀬川君は鷹匠町の下宿に居ましたらう。彼《あ》の下宿で穢多の大尽が放逐されましたらう。すると瀬川君はだしぬけに蓮華寺へ引越して了ひましたらう――ホラ、をかしいぢや有ませんか。』
『それさ、それを我輩も思ふのさ。』
〔…〕
『未《ま》だ校長先生には御話しませんでしたが、小諸の与良といふ町には私の叔父が住んで居ます。其町はづれに蛇堀川といふ沙河《すながわ》が有まして、橋を渡ると向町になる――そこがいはゆる穢多町です。叔父の話によりますと、彼処は全町同じ苗字を名乗つて居るといふことでしたツけ。其苗字が、確か瀬川でしたツけ。[3]』

ここでは容貌に賤民「らしさ」があるはずだが丑松には見られないという校長に対し、文平が「〔丑松が〕うたがひぶかい目付」だと返している。存在しない目印を無理矢理にこしらえている。他の被差別住民が引っ越しをしたときに丑松が逃げるように転居したという不自然な移動もまた可視的な表徴となる。そして被差別部落の居住地と特定の苗字という目に見える徴表を与えることが決定打となる。竹澤泰子は、「認知的刺激なしに、社会言説を通じて、被支配者集団の「差異」が、まなざしを向ける支配者集団の側に身体化されるような感覚を伴う」と指摘しつつ、「(1)想像上の外的差異、(2)想像上の内的差異、(3)想像上の非人間化された差異」が捏造されることを指摘している。[4]

被差別部落は歴史的に複雑な経緯をたどって成立していることが知られているが、江戸時代に統治のために作られた身分制度のなかで制度化され、特定の地域のなかに囲い込まれることによって可視化されることで人種化され過酷な差別・排除が生まれている。(5) とりわけ戸籍という家単位に国民を組織しようとする日本独特の法制度で象徴的な可視化が導入され、それゆえに結婚において深刻な差別が生じた。日本独特の制度である戸籍とは、国家のなかで国民を家父長制との関係においてどのように位置づけ、場合によって排除するのかを規定する制度である。居住地という可視的な差別が、法律のなかに取り込まれたときに戸籍として可視化され、さらにそれにもとづいて差別が制度化されてきた。

本章では可視化する力を論じているが、実在しないラベルを捏造して排除しようとする動きは、現代日本における排外主義においても同様の動きを取るだろう。たとえば二〇〇〇年代後半から二〇一〇年代に強まった在特会を中心とした在日コリアンに対する差別では、インターネットを通じて広まった「在日特権」という虚構がフレームとして機能し、もともとの保守層であったり慰安婦問題に関心を持った人であったり小林よしのりの漫画の読者であったりとさまざまな背景を持つ人を吸引して排外的な運動へと駆り立てた。

樋口直人によると、「在日特権」という虚構のラベルに賛同した活動家のバックグラウンドはさまざまであり、もともと保守的な志向を持つ人が多いものの全員ではない。しかも年齢や学歴、就労形態、居住地といった属性でも多様である。とはいえ「在日特権」というフレームにインターネットを介して出会ったときに、強力に排外主義的運動へと動員されていくのだという。

彼ら彼女らは、まず「自虐」「反日」フレームに共鳴した上で、それと密接にかかわるとされる「在日特権」フレームにも共鳴する。(6) こうして「在日特権」という虚構は、歴史修正主義の持つ物語の包括性に寄生する形で受け入れられていく。

視覚的なイメージを用いてはいないが、「在日特権」というラベルを偽造することで、社会的水準での排除が組織化される構造は類似する。

排除される第三項と可視化

今村仁司が示したように集団は排除される第三項を生み出すことによって自らを維持する。今の文脈で参考になるのは「排除の視線による物化」(7)という概念だ。排除する者は、排除される人を対話の相手ではなくモノとして扱うという。「視線」を強調するがゆえに今村は可視化が媒介する排除そして差別について示唆を与えてくれる。

排除の視線は、何ものかと何ごとかを対象化するだけでなく、物化する。対象化と物化とは決して同一ではないが、対象化がなければ物化もない(8)。

排除の視線によるメデューサ効果のメカニズムを解明する場合、排除する側が排除されるものをまず物化・石化するのか、それとも逆に、排除されるものの現前が排除する側を硬直させるのか、この問題は依然としてのこる(9)。

あらかじめ差異があるから排除の視線が生まれるのか、それとも排除の視線によって差異が生み出されるのか、今村自身も指摘する通りどちらの場合もあるだろう。丑松について「うたがひ深い目」をしているという排除のラベリングは、思い込みでありかつ語り手にとっては事実だ。

癩予防法に代表されるハンセン病患者の隔離政策の場合も可視性が最大限に利用されている[10]。病が進行したときに生じる外見の変化を理由としておそらく古代から可視性にもとづく差別が生み出されたのだろう。死にいたることはなく感染力が非常に弱いことが知られていたにもかかわらず、欧米人の眼に触れることを避けるために一九〇七年に「癩予防ニ関スル件」という法律が制定され、一九三一年に「癩予防法」に名前を変えて「無らい県運動」とともに強制的な隔離政策が進められた。

ハンセン病療養所（＝隔離収容する施設）の多くは人里離れた場所に建設された。ここでは隔離と可視化はほとんど同義語のようになる。瀬戸内の島にある長島愛生園と邑久光明園の場合、本州からわずか二〇メートルの目と鼻の先の島にあるのに、橋がかけられたのがようやく一九八八年のことである。本州側の住民から橋をかけることを拒まれてきたのだ。このような仕方で「島」という明確な視覚的境界を区切ることで隔離と差別が最近まで続いた。

ハンセン病については一九四〇年代に特効薬プロミンが導入されて完治するようになったあとも国による隔離政策は維持され、一九九六年にいたるまで癩予防法は撤回されなかった上に、断種手術などの極端な人権侵害は続いていた（「治療薬プロミンが予算化された一九四九年以降も不妊手術は一五五一件（男女総数）、人工妊娠中絶は七六九六件にのぼる手術がなされた[11]」）。ハンセン病の差別において奇妙なことは、特効薬もあるのにもかかわらず戦後もこの政策をつづけることには何の合理的な根拠もなく、収容施設の維持に国費が必要なのだから利益すらなく、あたかも社会のためにスケープゴートとして可視的な排除と隔離を作り出すことそれ自体が国家の目的であるかのようなのである。異質とみなした存在を可視化しながら排除することで、社会に安心をもたらす仕組みが働いている。

このように被差別部落にしろ、ハンセン病にしろあるいはその他の差別にしろ、日本の近代においてとくに目立った差別の特徴は、存在しない表徴を偽造して可視化する操作だ。恣意的に差異が導入されて地理的な隔離や差別というような仕方で可視化されて差別される。もともと差別や排除へと向かう力動が働いており、そのなかでラベルの偽造という手順が踏まれているのだろう。

経済効率が全面に出た排除として、障害者の施設収容を例にあげることができる。たとえば戦後あいついで作られた一〇〇〇床近い規模を持つ大規模な精神科病院だ。

東京を例にとって見てみると、大規模な精神科病院は都市部の周縁にあたる八王子近辺の郊外の丘陵地帯に集中的に作られた。明治天皇を葬った明治御陵に続く幅広い道を抜けた里山のなかに点在するさまは、地政学上の意味があるであろう。これらの大規模病院の病床の多くは今では老人病院としても用いられている。私の父も認知症が進んだときに母が倒れ、友人の紹介でそのうちの一つに入院をお願いすることになり、そこで亡くなった。近所には、私の祖母も認知症が悪化した際に一時期入院した精神科病院がある。私の家族の事情をふりかえって見ても、家族介護が不可能になったときに隔離収容される場所として、八王子に多数存在する精神科・老人病院が紹介された。

かつて先祖が裏山に祀られたように（祀ることは怨霊として遠ざけるとともに守り神として近づけるという両義性を持つ）、都市部の周縁に天皇が祀られ、排除された人が追いやられたのだ。もともと私宅監置という家のなかに患者を隠すかたちの排除だったものを、呉秀三が人道的な配慮から近代的な病院を設立したことから、精神科の入院治療は始まっている。[12] つまり住居の内破が施設への隔離に反転する。

精神障害者だけではない。大阪府立金剛コロニーや東京都立府中療育センターのように、知的障害や身体障害でも同様のコロニーの建設が「人道的な配慮」として行われた。これら障害者の大規模施設への隔離収容は、障害者本人ではなく養育者からの要望という側面が大きかったという。名目としては「子どものため」に、なぜか巨大な収容施設が郊外に作られたのだった。施設収容と隔離に反対する脳性まひ当事者の自立生活運動の始まりの一つは、府中療育センター闘争と呼ばれている障害当事者たちが自立生活を獲得しようとする運動だった。結果として可視化しながら排除することで、（異質な存在を根拠もなく集団的に恐れる）社会に安心をもたらすという仕組みがここでも働いている。根拠のない集団的な不安は非常に強力であり、私たちは自分で気が付かないうちに飲み込まれて、不安になり差別に加担することになる。私たち一人ひとりのなかに潜んでいる差別意識を克服するのがとても難しくなる理由だろう。

2　ひきこもりや虐待——見えなくされる排除

ひきこもり

前節では排除が可視化され、強調される場面を主に描いてきた。ところが、可視化する排除に対して、むしろ見えなくされていく排除がある。『すき間の哲学』にとっては見えなくなるほうが大きな主題となる。たとえば現在ネットカフェ難民という名前がついたことで、多少なりとも可視化された困窮層は、バブル崩壊後の不況を背景として製造業の非正規労働が認められたあと出現したものだと言われる。しかしとりわけ二〇〇七年に厚生労働省が調査[13]を開始するより以前は、公的なサポートを受けることもなく住所も持たず、とはいえ路上で生活することで目に触れるわけでもない隠された存在だった[14]。

あるいは見えなくなっていく排除の典型例は一〇〇万人以上いるとも言われるひきこもりであろう。自宅に居ることは誰もが持つ権利でもあるが、たとえば進学や就職の失敗で社会から排除され、いじめやパワハラという仕方で学校や職場から排除された帰結でもある。社会の側に何らかの原因があるのに、ひきこもりの人は自己都合によって行ったものであると言われて、行く末を自己責任にされてしまう。そもそもいじめそのものが見えにくいのだから、ひきこもりの子どもに何が起きているのか見て取ることは難しいだろう[15]。さらに子どもであれば学校が生徒の不在を把握するが、中高年のひきこもりの場合精神障害で医療サービスや生活保護を受けていない限り自治体は把握しにくい。斎藤環は以下のように述べている。

自治体調査の数字と合わせて推測すると、中高年のひきこもりは少なくとも一〇〇万人、全体ではその倍の二〇〇万人と考えるのが妥当でしょう。それだけ多くの人たちが、家族としか関係を持たず、社会参加をしていない。これが日本社会の現実です[16]。

〔親が亡くなったとき〕五〇代や六〇代のひきこもりはどうするか。自分で生活保護の申請ができればまだ救いはありますが、なにしろ家族以外の世間と関われないのがひきこもりですから、申請手続きのために役所に行くことさえ難しい人も多いでしょう。独り取り残された自宅にひきこもり続けて、座して餓死を待つしかなくなる可能性もあります。したがって「八〇五〇問題」を放置すれば、やがて孤独死が大量発生する時代がくるでしょう[17]。

このような排除は、国家や社会が積極的に強制したものではないかもしれない。しかし（何か排除にいたるきっかけがあり）学校や就労といった社会の制度に入ることができないというしかたで社会への参加から排除されてしまうという状態である。実は社会状況が強いた排除なのだが、一見すると本人の意志でひきこもっているように見えることもあり、自己責任とされてしまうために問題が社会からは見えなくなる。

五〇代の息子と八〇代の父親の事例をコミュニティ・ソーシャルワーカーである勝部麗子があげている。勝部は八〇五〇問題の名付け親である。

「どうして今まで相談に来なかったのですか」と聞くと、「どこに相談していいのかすらわからなかった」「息子が相談を希望していないので、どこにもつながることができなかった」と。「私たちは、コップに水がいっぱいたまっていることと同じ状況なんです。動かす（＝変化する）と水が溢れるので動かさないことが一番安心になってしまうんです」。

なぜ、相談に来られないのか。ここには、親の社会的孤立があります。多くの親が、自分の育て方が悪かった（自己責任）と思いこんでいることから、近所の人たちに「おたくの息子はどうしているの？」と問われたくない。そこで多くの場合、近所付き合いを拒むようになります。親戚づきあいもやめてしまいます。誰にも相談できない状態で、変化を起こさないということが続けば、この状態は当然長引くわけです。(18)

「なぜ、相談に来られないのか。ここには、親の社会的孤立があります」、つまり親の側にもすき間へと見えなくなっていく排除がある。

勝部も八〇五〇問題が自己責任論とリンクしているということを指摘している。社会がひきこもりを自己責任として放置するだけでなく、困難を抱えている親も子どもも自己責任論にしばられて「自分たちのせい」と考えているがゆえにＳＯＳを出すことができない。自己責任論は、ＳＯＳを思いとどまらせ、すき間を生む圧力となっている。

虐待・ＤＶなどの逆境と見えなくなる排除

あるいは家庭内の虐待もその多くは目につかない。二〇〇三年の児童福祉法の改正の後に虐待相談件数が急増したのは、実際に増加したわけではなく可視化のための努力が進んだからだと多くの専門家が考えている。そもそも家というものが秘匿性をその本質のうちに持つ以上、そして遮蔽性が高い都市部の建築構造と近所付き合いの希薄化ゆえに、今なお隠れている虐待は多数あるだろう。さらに「言ったら大変なことになる」という加害者からの禁止や、被害者が感じる恥辱ゆえに、表面化が妨げられる。密室のなかの密室で生じているがゆえに虐待は見えにくい。そもそも二〇一七年に監護者わいせつ罪・監護者性交等罪が新設されるまで[19]、親族による（暴行・強迫を手段としない）性犯罪は刑事罰を問われず、児童福祉法によって禁止されるにとどまっていた。

仮に声を出して逃げることで可視化されたとしても大きな困難が待ち受ける。ＤＶによって家から逃げ出し突然貧困に陥る主婦のケースを考えてもよい。大きな心理的ダメージも負っているなかで、夫から逃げるための警察での手続き、市役所での転居および住所を秘匿する手続き、支援組織との煩雑な交渉があり、今まで自分は働いていなかったのだから経済的に追い込まれることになる。行政に相談してもその後安全な生活を保障するサポートを受け続けられるわけではなく孤立する。うまく支援組織や行政とつながれたらまだしもそうでない場合には完全にすき間に陥ることになる。SOSを出すことができなくなった人は社会から忘れられたまま安全を奪われる。このような帰結が見えている以上、DVに声を潜めて耐えている人はすくなくないだろうし、数を数えることは不可能だ。

加えて外傷や排除は、発話の力を奪う。それゆえに単に社会の目から排除されているだけでなく、当事者が声を持たないという意味で二重に隠れていた。精神科医の宮地尚子は、環状島という比喩を用い、深刻な外傷を受けた当事者は深海に沈み込むがゆえに、言葉を発することができないと論じた。

> 私たちはしばしば、暗黙の前提として、受けた被害が大きければ大きいほど、そのできごとについての発言権をその人はもち、実際に雄弁にその問題について語りうると考えている。発言権や、証言者としての正当性は、たしかに中心に近づくにつれて高まるかもしれない。けれども、実際には被害が大きすぎた人は死んでしまって、発言をする機会をもたない。また生き延びたとしても、発言するためにはある種の条件、能力や資源が必要となる。〔…〕資源としてはまず、話したり、書こうとする気力、体力、発話を可能にする身体機能が必要である。時間的余裕も必要である。「誰かが聞いてくれるかもしれない」という他者への信頼感や希望、「自分が声を出してもいい」と思える最低限のセルフ・エスティームも欠かせない。[20]

声を喪失した人が、どのように声を回復しうるのかはすき間の哲学を導く要点の一つとなるだろう。社会からの排除と、当事者が失う声という二重の問題がある。声を出せないということを、心的外傷という精神医学の問題に狭めなくてもよい。外傷体験ではなくとも、声を出すことができないまま見えなくなっている人(21)、あるいは声を出さずにサバイブしている人たちは多数いる(22)。

社会から見えなくなるタイプの排除は、それぞれの事例が個別の多様な事情を持ちモデルを作りにくいため、見つけにくくも理解しにくくもなるだろう。極言すると、困っているけれども声を上げることができない人はたくさんいるが、その理由はさまざまでありあらかじめは分からない可能性がある。そうすると社会的包摂といっても、単に〈経済的なセーフティネット〉や〈障害を持つ人が社会参加するための合理的配慮〉を試みただけでは解決できないことになる。いついかなるときにも、思いがけない仕方で制度のすき間に落ちて支援から漏れている人、そしてそのときにＳＯＳを出せない人がいる。

〈可視化する排除〉は、恐怖に根差した差別や排除、管理による。これらは排除であるが関心を向けていることでもある。これに対し、〈見えなくなっていく排除〉は、家での暴力、優劣の比較や競争による排除とさらには無関心ゆえの排除、名前がない困難といった姿を取る。競争や序列化のなかで、ある閾値を下回る生活状況や社会的地位に追いやられてしまった人は見えなくなり、競争に乗っている人たちからは無関心によって忘却される。家のなかの暴力は隠され、弱者のなかの弱者である女性や子どもが犠牲者となる。可視化する排除がマジョリティ集団の均質性の維持を力動としているのに対し、見えなくなる排除は集団内の序列化や権力構造を力動としている。

沖縄で性風俗で働く少女たちを調査・支援し続けている上間陽子は次のように述べている。

〔私に〕相談をもちこむひと〔教員〕は、〔少女たちをおそう〕禍々しい暴力の実態にうちのめされながらも、子どもの話を聞き続ける力があった。それが示すもうひとつの事実は、子どもに〔「何か困っていることがあるの?」と〕尋ねることができないひとのもとでは、子どもの現実は明らかにされないということだ。

だから私は相談を受けるたびに、表には出ていない、隠された存在の子どもたちがいると思い続けてきた。だれにも話を聞いてもらえずに、ひとりで夜をやりすごしている子どもたちが、まだどこかに存在している。(23)

社会のすき間に陥った人に声をかけることは重要である。しかし誰かがキャッチしたすき間の背後にはさらに多くの逆境へと追い込まれ見えなくなった人がいる。

困難をかかえる女性の支援を続ける大嶋栄子が、女子刑務所の受刑者を支援するなかで、累犯の受刑者が犯行時に持つ切迫感について五つの類型を提示している。この類型は、自己責任論によって非難されやすい困難であり、どれもが社会のなかで見えにくいすき間と重なるだろう。

(1)　軽度の知的障害を背景とする家計管理の破綻〔…〕
(2)　摂食障害〔過食嘔吐型〕を背景とする食材確保と溜め込み〔…〕
(3)　〔家族における〕関係性の不和、空虚感や〔配偶者などへの〕怒りの堆積〔…〕
(4)　〔離婚や定年による〕女性の貧困化、コミュニティにおける隠された存在〔…〕
(5)　〔発達障害などに由来する〕独自の困難さと関連する生活課題を抱える(24)

大嶋が関わった女性たちは、社会のすき間で困窮していたのだが、軽犯罪を起こすことで初めて可視化されて刑罰という仕方ではあるが社会による保護のもとに置かれるようになる。もし犯罪というしかたで〈かすかなSOS〉を出すことがなかったとしたら、彼女たちは気が付かれないままに困難に苦しんでいた可能性がある。

これらの困窮は福祉的なセーフティネットから漏れてしまう状態である。背景に社会や家庭での暴力や貧困などの理由があるとしても、差別や隔離のようにラベルを貼って積極的に排除する場合とは異なる。法制度のすき間、社会からの忘却、家のなかでの隠蔽、これらの〈すき間〉をまとめて名指す概念がないことそのものが〈すき間〉たる所以だろう。法制度のすき間と社会からの忘却については死角という現象であり、視野の問題である。あえてラベルを貼って集団から排除する差別の場合も、見えないすき間や見て見ぬふりをするすき間によって集団の外が生じる場合も、集団とは視線と視野の範囲の問題でもあることになる。

3　名前がないことで生まれるすき間

高機能自閉症の診断の場合

ここまで第4章ではラベルを貼って可視化して差別する排除と、見えなくなっていくすき間の対比を議論した。これらは集団からの動的な排除として生まれるすき間である。これらとは異なるタイプのすき間に、名前がないゆえに見えていないすき間がある。

まだ高機能の発達障害というものが広く知られなかったころ、グニラ・ガーランドは小さいころから家族やクラスメートとの関係がうまくいかず、自分の生きづらさを解決しようと、そして自分の困難の正体が何なのかを見極めようと、複数の心理療法家のもとを訪れるが、なかなか解決しなかった。

「とにかく『誰か』になりたかった。でも、その『誰か』の選択肢〔セラピストが与えてくれる診断名〕の中に、『私』は含まれていなかった。だから、誰か他の人にならなくてはならない。私には中身なんかない。」(25)

ガーランドは子どものころから社会生活のなかでトラブルが続き、集団のなかでどうにもうまく振る舞うことができず、何がわからないのかもわからないまま自分自身に違和感を抱えて大人になった。他の人とうまく行かない違和感が何に由来するのか、自分自身にもカウンセラーにもわからないまま成人になっている。そしてそのあとようやく自閉症の専門家に出会う。

私はときおり先生のもとに通う一方、自分でもいろいろな文献を読んで勉強し、自分こそ、自分という人間の専門家だと思えるようになった。〔…〕次にイェーテボリに行った日、ＷＡＩＳという知能テストのうちいくつかの部分を受けた。その後、先生は最終的な診断らしいものを教えてくれた。『あなたは、自閉症スペクトラム上のどこかに位置する状態だと言うことができます』。悪い感じはしない。この診断名でも、自分は大丈夫だ。確かにそのとおりだという気がするし、この言葉は私という人間をよく表している感じがする。(26)

ガーランドは自分自身を説明できる診断名を獲得することで（そしておそらくは自閉症に合った対処方法を知ることで）、生きやすくなっていく。診断基準で分類された名前を得ることは社会のなかに場所を獲得することにつながっているのだ。

逆に言うと、自分が抱える困難についての名前を持たないがゆえに、社会のなかでの存在と、語る権利を得られないことがある。ガーランドはすき間に落ち込んでいる。自分自身を理解することができず、社会のなかで他の人たちとつながることができなくなる。

希少な身体疾患の診断をめぐる切断

原因不明の体調不良に一五歳のときから苦しんできた新聞記者の谷田朋美は、次のように書いている。

〔…〕どんな薬も効かず、診断を求めて20年以上病院を巡った。28歳の時、医師に脳脊髄液減少症と診断された。初めて身体的な疾患だと認められたことで自責の念が和らぎ、周囲の理解も得られると思った。しかし、専門医以外の医師から『そんな病気はない』と言われることが多く、混乱した。さらに検査後から全身に熱湯を浴びたような痛みが起こり、立ち上がることさえできなくなった。痛みに耐えるため食いしばりすぎて歯が抜けた。〔…〕痛みは自分にとって間違いなく存在している。けれども疾患名がないと『我慢が足りないのでは』といった精神面のみ注意が向き、『詐病』に逃げ込もうとしているのではないかと自分でも思ってしまう。[27]

食いしばって歯が抜けるほどの痛みにもかかわらず、「そんな病気はない」と医師が語るとき、谷田は社会のなかで自分の体調不良を理解してもらうすべを失い、つまりは自分が抱える困難においては社会から切断されすき間に追いやられている。

診断名を持たない、あるいは病名が認知されていない疾患に苦しむ人の声は社会には届かない。自分自身でも自分自身の痛みを「詐病」とみなしてしまうほどである。自分の痛みという否定しようがない体験までも自分自身から切り離すことになる。痛みをオーソライズしたはずの診断が共有されていないがゆえに、社会から切断し、自分自身を否認する。

通常、痛みや苦痛の語りは強い触発力を持ち、周囲の耳目を引きつける。ところが希少疾患を患う人たちの多くが、他者からの「そんな病気はない」という言葉で、語りを遮られる。名前がないことですき間が生まれ、苦痛は放置され孤独に陥る。

診断名という名前が認知されることが、語る権利と社会とつながるための土台となっている。「社会でオーソライズされたなにがしかの分類におさまる」という土台を持たない人は語る権利を持たないがゆえに、すき間に追いやられる。

社会学者の野島那津子は希少疾患を持つ患者にインタビューを重ねて、診断名をめぐる困難に光を当てた。たとえば痙攣性発声障害を持つある患者は、次のように語る。

病名をもらう前は、もう孤独。一人その、自分ひとりでその病気を抱え込んで。病気か何かわからないけれど。その、声の、異質な声、に疑問を持ちながら。でも、一人で悩んでたわけだけど。(28)

とはいえ、診断名が付けば解決するというわけでもない。ある筋痛性脳脊髄炎・慢性疲労症候群の患者は次のように語る。区役所で障害年金の相談をした場面である。

　五〇代後半くらいですかね。なんか、オールドミスみたいな。真面目そうな方だったんですけど。初めはすごい丁寧な対応だったので。この人だったらわかる。その前の人よりは頼りなさそうではなかったんで。やっと話が通じる人が出てきたのかなって思ったら、『そんな病気はありません』て言われて。(29)

診断名があってもその名前が社会のなかで認知されていない場合には、同じように存在しないことにされる。「そんな病気はありません」という言葉は、谷田の語りの「そんな病気はない」と呼応する。診断名がつけられないこと、そして診断名が社会で共有されていないことという二段階の孤立があり、すき間となる。最近私たちが経験した事象では新型コロナウイルス感染症の後遺症がある。今では後遺症がのこることは周知の事実だが、コロナ禍一年目の二〇二〇年七月ごろはまだ知られていなかった。そのなかで後遺症を訴える人たちを虚偽だと非難する声が非常に多かった。私たちが元患者に行ったインタビューのなかにも後遺症についての語りが登場する。

　僕が後遺症あるんじゃないかなって思い始めた頃には、まったくそういう情報が流れてなくて、イタリアの方で重症患者の３割が呼吸器に障害を残すぐらいの報道しか流れてなくて。周りの人とかも陰性出てから後遺症みたいなのあるのに、そんなのも報道されてないのかなと思って。(30)

この元患者は、元 twitter で後遺症について発信し続けていたのだが詐病だという中傷コメントに悩まされ、その後、更新を中断した。新型コロナウイルス感染症をめぐる言説については、単に名前が欠如しているということだけでなく、人びとが抱えている病に対する不安も大きな圧力となって、このような誹謗中傷が行われたのだと思われるが、「後遺症」という概念（名前）が否認されることが、社会からの排除と連動している点は希少疾患の診断の場合と共通する。どちらも名前の否認によって詐病や気持ちといった個人の恣意に還元されることで、存在するはずがない者として扱われる。

分類不可能であるすき間

名前をめぐる排除、切断にはもう一つのパターンがあるように思える。

まちがったラベル、自分自身ではないラベルを強いられることで、社会的なアイデンティティを喪失することがある。社会から与えられた名前が自分自身からはずれるのである。「Aではない、Bでもない」という存在は、AとBしか存在しないとみなされている世界では〈存在しない人〉になってしまう。

石原真衣は祖母がアイヌであったがそのことを知らずに育ってきた。アイヌの出自を持つもののアイヌ文化のなかでは育っていない自らの位置を「サイレント・アイヌ」と名付けて、自らを語ることの不可能性について書くという逆説的なオートエスノグラフィーを書いている。自身を、アイヌでも和人でもないと感じていた石原は、社会のなかでの居場所を失う。

一二歳でアイヌの出自について聞かされた私は、その事実を隠蔽した。そのことにさえ触れなければ、普通の日本人として生きていくことができた。社会人になったとき、ついに、沈黙の隠蔽に耐えられなくなる。しかし、私は沈黙から語るための言葉を持たない。それは、アイヌとして生きた経験を持たず、何が起こったのかわからず、歴史の中で透明人間と化し、言語化の契機を持たないためだった。そして今、私はやっと沈黙から言葉を獲得する。しかし、その言葉は〈和人とアイヌという二項性から全体を考えたときに不可避的に生じる〉第三項の排除により、誰にも届くことはない。カミングアウトしても、言語を獲得しても、言葉を発しても、〈沈黙〉は永遠に続く。(31)

石原の経験は、〈語ることの不可能性〉、他の人とつながることの不可能性に貫かれている。まず、石原は「アイヌの出自」を聞かされたときに「その事実を隠蔽した」。差別されてきたアイヌの歴史が背景にあり、歴史をまだよく知らなかった幼少期の石原にとっても口にしないほうが良いと直感される沈黙への圧力がそこにはあった。島崎藤村の『破戒』の主人公瀬川丑松が被差別部落の出身であるという出自を隠しながら教員をしていたのと同じ沈黙である。出自が明らかになったときに丑松を襲った運命が、近代日本で差別を受けてきた人たちに共通する経験だったのだから、この隠蔽には根拠がある。自分自身の出自のアイデンティティに関わる重要な部分において、人とつながることができない経験である。と同時に、出自を隠している限りにおいてはマジョリティ社会のなかでつながりがあり、明らかにした途端に社会から排除されつながりを断たれる。

第二の孤立は、「沈黙の隠蔽に耐えられなく」なって語りだそうとしたときに、しかし「語るための言葉を持たない」という沈黙である。アイヌの文化とまったく触れることなく育った石原は自らのなかにアイヌの文化や困難の歴史に由来する経験を持たない、それゆえ、自分の出自の一つであるアイヌについて語る言葉を持たないのである。さらに、石原はアイヌの出自を知ったからといってアイヌ文化を体内化することも潔しとしなかったようだ。「アイヌ文化とは関わりがない」という欠如を語る言葉は存在しない。言葉がなければ、他のアイヌの人とコミュニケーションをとってつながることもできない。

第三の孤立は「第三項の排除により、誰にも届くことはない」に関わる。

石原は「アンジェリーナ・ジョリーはイロコイの先祖を持つ」という英語表現に注目している。著名俳優が先住民の出自を持つとしても、今現在先住民のコミュニティに属しているメンバーではない。出自とコミュニティへの所属は、本来区別されるべきだ。石原の場合もアイヌの出自を持つが、アイヌのコミュニティのメンバーではなかった。ところが日本のアイヌをめぐる言説では、アイヌの出自はすなわちアイヌというラベリングになり、出自は持つがアイヌのコミュニティに属してはいないという選択肢は社会的に存在していないのだ。石原は「和人でもアイヌでもない」がゆえに、社会のなかで存在の場所を持たないのだ。和人かアイヌかしか存在しないことになっている社会において、「和人でもアイヌでもない」石原は存在しないことと同じになる。

以上の問題は、日本においてはアイヌの出自を持つ人が被る困難が、（依然として存在する結婚差別やヘイトクライムにつながる）人種差別に根を持つことが十分に可視化されていないことにもつながる。つまり石原の位置が名前を持たない形で不可視化されている背景に、人種差別自体が日本において不可視化されているという事実がある。さらに言うと、日本においてはそもそもアイヌの出自による人種差別が存在することは広く知られていないのだから、石原の経験は黙殺のなかでの黙殺という二重のすき間である。

石原自身は三種類の沈黙を挙げているが、その帰結としてもう一つすき間が生まれる。

アイヌと和人のどちらにも属することのできない私は、和人側でもアイヌ側でもない場所から、自分の問題について考えるようになった。そこで見えるものとは、私のような存在は既存の枠組みや、アイヌ民族自身や専門家が描くイメージからは、こぼれ落ちる存在であるということだった。自己の帰属意識が両者のはざまにこぼれ落ちるなかで、このような感覚を話し合える相手が誰もいなかった。(32)

四つ目の孤立は「話し合える相手が誰もいなかった」という孤立だ。〈体験を共有する人が見つからない〉とき、つまり〈ピアグループが不可能である〉とき、人は孤立している。それゆえ、石原はピアグループの代表的な形である当事者研究に言及しつつ、その不可能性についても語る。

アイヌの出自について思索する上で、『アイヌでも和人でもない』と感じてしまう私は、ついに、同じ人を一人も見つけられなかった。〔…〕私は、当事者研究でスローガンとされる『みんなで、共に』はできない。私にとって『みんな』はいないのだ。(33)

石原は「私は、『アイヌの世界』にいる限り、〔…〕永遠に分類できない存在であり続ける」という。(34)分類されえない存在であるとき、人は名前によって作られる共同体のなかに場所を持たず、沈黙を強いられる。だから、私は、なぜ沈黙しなければならないのか、なぜ、私の語りは人々の耳に届かないのか、謎は解明されなければならない。「私」は、既存の分類体系からこぼれ落ち、その結果、人びとの思考や言葉の外に存在する。(35)

と語るのだ。石原のオートエスノグラフィーは、沈黙と切断を強いられてきたという事実そのものが問いであり動機となった探求であり、沈黙そのものについての言語を作り、他者との切断を他者と共有するという不可能な要請でもある。このような直面化が強いる心理的な負担は計り知れない。

このような分類体系の外部へと排除される存在は、アガンベンがシュミットにならって「例外状態」と呼んだもののバリエーションだといってもよいだろう。例外状態は法秩序の外部であり、その外部において恣意的に生殺与奪権を握られて翻弄され、場合によっては殺される存在がホモ・サケルだ。

何らかの仕方で制度や集団から排除された存在は、石原の場合にそうであるように本人にとってもなんらかの理解し難い穴が残り、それが作用し続ける。

マイノリティとは、単にマジョリティではないという数的な少なさを言うわけではないだろう。そのマイノリティ性がマジョリティの社会のなかで存在を認められていないがゆえに、自身のマイノリティ性へと直面したとたんに（そしてこの直面自体が大きな負担となるのだが）、社会のなかでの位置を失うような、そういう存在のことではないだろうか。あるいはマイノリティ性がマジョリティ社会からは見えないがゆえに、SOSを出すこともできずに隠れている状態の場合もあるだろう。

マイノリティの位置に置かれた人が、（隠さなければいけないという事実によって）二次的に大きな心的負担を抱えてしばしば精神科医療の門を叩くことの背景には、このような排除の構造があるだろう。もしも社会のなかでの生活を続けたいのならば、自分のなかにある困難（マイノリティ性であったり外傷体験であったり）に蓋をして、なかったことにしないといけない。つまり自分の核に直面することで自分が社会からないものにされるのか、あるいは直面しないことで自分で自分を消すのか、という二者択一になっている。

ここにはダブルバインドがある。自分にとって大事な経験を自分と接続させているときには、自分は社会とつながることができないのだ。大事な経験にふたをして自分から切り離せば、社会と仮の仕方でつながることができる(36)。

そのような位置にいる人は、隠せるのであれば自分の経験を隠して社会のなかに住んでいるわけであるし、その人の経験を聞き出すことはそれ自体が外傷的であるから、暴力になりうる。とすると、その人は本質的には仮に自分で自分の逆境を意識していたとしても（つまり解離的健忘ではなかったとしても）、自分のなかにある重要な部分で社会とはつながれない。

マジョリティにとっては、分類上マイノリティの存在がないわけだから、（どのように感受性が豊かで、あるいは他者への配慮がある人であっても）相手への想像力が構造上働かなくなる。「そんな病気はない」「アイヌに属さないアイヌなどいない」ことになるのだ。ＳＯＳを発したマイノリティの人がいたとしても、「トラウマだ」というように（それ自体がマジョリティのロジックである）心理学的な問題へと矮小化され、社会的な布置のなかでマイノリティがすき間へと排除されているということがマジョリティからは見落とされる。言葉に由来する切断の問いはマジョリティと排除に関わる問題へと接続している。

4　横軸のすき間と縦軸の逆境

横軸の排除と縦軸の逆境――フォークナーを例に

排除は社会関係の拡がりのなかで起きる。国の政策であっても学校のいじめであっても家のなかでのネグレクトでも、誰かが排除されるのは他の人たちからの排除であり、社会関係の横の拡がりのなかで起きる。

このとき排除された人自身は、排除を含む現実に直面しないといけない。社会の拡がりの外へと水平に排除されると同時に、自分の足元に垂直に開いた穴（トラウマ、逆境）と直面しないといけない。そして本人が一つの逆境と向き合う背景にある社会的な問題は、家庭のなかの葛藤とないまぜになっていることがある。垂直に開いた逆境の穴は、家庭の水準、社会の水準、さらには政治的な問題、と二重三重に多元決定されている。以下では、横方向に押し出される排除と逆境への縦の落下という空間的なメタファーからすき間の問いを考えてみたい。

アメリカの小説家ウィリアム・フォークナーの『八月の光』（一九三二）を例に取ってみよう。禁酒法時代のアメリカ南部を舞台とするこの小説では、黒人差別という横軸と、登場人物たちが背負う家族関係と社会の逆境という縦軸が複雑に折り合わされる。

主人公の一人密造酒業者ジョー・クリスマスは、見た目は白人だが実は黒人の出自を持つ。子どものころのクリスマスイブに、ジョーは白人向けの孤児院の玄関に捨てられた。その後、（ジョーに情事を目撃された）孤児院の雑用係と栄養士が、ジョーのなかに流れる黒人の血を院長にばらす。ショックを受けた院長はジョーを敬虔な信仰を持つ白人夫婦のもとに里子に出す。養父はジョーを粗暴に扱い執拗な虐待を繰り返した。大人になったジョーは、整板工をしながら隠れて酒の密売を行っているが、最期は（黒人の擁護運動をする白人の）愛人を殺害した容疑によって、リンチつまり法秩序の外で殺される。

さて、幼いジョーに情事を目撃された孤児院の雑用係の男はジョーを連れ去る。そのあと、恋人の栄養士が孤児院の院長にジョーの人種を明かす場面を引用する。

翌朝、朝食の時間になると、雑用係と例の子供がいなくなっていた。どんな痕跡も見つからなかった。すぐさま警察に通報された。建物の横手のドアがひとつ、開錠されていた。雑用係はそのドアの鍵を持っていた。「あの人、知ってたからです」と栄養士は院長に言った。「何を知っていたの」「あの子供、〔ジョー・〕クリスマスって子が、黒んぼだってこと」「なんですって?」院長は椅子の上でぐっとうしろに身を引き、若い栄養士を睨みつけた。「黒——まさかそんな!」院長は叫んだ。「わたしは信じませんよ!」「お信じにならなくてもいいんです」と栄養士は言った。「でもあの雑用係は知ってるんです。だからあの子供を盗んでいったんです」

院長は五〇過ぎで、顔の肉がたるみ、まなざしの弱い、親切そうで、失意に満ちた眼をしていた。「わたしは信じません!」そう言ったが、それから三日たつと、栄養士を呼び出した。院長は睡眠が足りていないように見えた。逆に栄養士は、潑剌として、落ち着いていた。[37]

自分たちの情事がばれるのを防ぐために雑用係と栄養士はジョーが黒人であるという秘密を利用する。ジョーはもともと捨て子だからこそ入っていた孤児院からも追い出されて、さらに過酷な里親の環境に身を置くことになる。孤児院という公的な安全を剝奪されるのだ。

が、より際立つのは院長の反応である。院長は善意に満ちた人物であるが、しかしジョーが黒人であるという密告に驚き三日間眠れないほど動揺する。つまり黒人に対する差別意識はむしろ善意の院長のほうが強固に持っており、差別することが悪であるという意識はない。善意ゆえに黒人というラベルに深刻に反応するのだ。院長はさらに善意から、ジョーを黒人用の孤児院には送らずに素性を伏せて里子に出す。つまり黒人に対する差別意識はそれだけ強い。この里親先でジョーはむごたらしい虐待にあうことになる。

ジョーは、見た目は白人であるが実は黒人の出自を持つという人種上の境界線上の存在、二重にすき間の存在である。ジョー自身も自分のなかに流れる黒人の血をそのつどの愛人に告白しながら暮らす。その告白が生み出すマジョリティ社会のなかでの波紋をわざわざ招き寄せようとしているかのようである。

人種上のすき間にいたジョーは、捨て子であり酒の密売人であるというように、重層的に社会上も周縁におかれて逆境を引き受ける。表向きは工員で裏の顔が密売酒業者というアウトローの生業であるという両義性も、表向きは白人で実は黒人の出自を持つことと連動する。ジョーが置かれたカテゴライズできないあいまいなすき間ゆえに、差別だけではないさまざまな事件を招来することになる。たとえばジョーの愛人ジョアナ・バーデンはおそらく黒人の血ゆえにジョーを愛している。そして嫉妬で束縛しようとするあまり、最期はジョーに殺される。

ジョーは見た目は白人であるにもかかわらず、黒人差別に翻弄される形で居場所を奪われ続ける。しかも単純で明白な差別から排除されたことは一度もない。生き抜くための複雑な駆け引きや偶然の重なりのなかで転々と居場所を追われて移動するのだ。孤児院への遺棄、里親の虐待、密売業、殺人、リンチによる自らの死、これらの出来事自体が逆境だが、何よりもジョーは安心できる場所を持つことがない存在として描かれる。この居場所の不可能性こそジョーが抱えているすき間性である。殺害にいたる小説後半、ジョーは、（孤児院へと遺棄された事情も知る）祖父から再度見放されることで、どこにも居場所がないことを確認する。それゆえ小さなきっかけで死へと追いやられる。それも州兵という国家権力に属する人間からのリンチという、法的な裁きの外で死にいたるのだ（つまり例外状態である）。これはジョーが引き受けた逆境の歴史そのものである。孤児院からリンチによる死に至るまで、居場所を失うという足元に穴が開く経験をジョーは繰り返し経験する。この縦の逆境は潜在的に働く、差別による社会からの放逐という横の排除の連鎖のなかで生じているのである。

すき間は逆境でもある――横方向の排除と、縦方向の逆境

差別にともなう社会のなかでの横方向の排除は、社会での逆境に加えて生存が脅かされる困難を縦方向に生む。

こんな話を聴いたことがある（内容に変更を加えている）。この女性は母親が電車に身を投げて自死したあと父親が病死したことで、父親の実家に引き取られることになった。この父親の実家で彼女だけが別の部屋に住まわせられ、（それまで日本人として育ってきたのになぜか）「あいのこ」と親戚たちから呼ばれることになる。そのあと児童養護施設に預けられたあとも「あいのこ」と呼ばれていじめられたという。

数年経ったある日突然母方の親戚が彼女を引き取りに来る。引き取られた先で突然外国のルーツが明らかになる別の名字を与えられる。父方は日本人で母親が外国出身だったことをここで初めて教えられたという。転校した先でも出自のせいでいじめの対象になったという。

この女性の場合、国籍による差別が家族の被った逆境と折り重なっており分かち難い。差別は日本国籍と外国籍のあいだ、そして双方の言語文化のあいだでいわば水平的に起きている。と同時に、本人が生活のなかで抱える現実の困難、たとえば貧困や母親の自死、里親先での冷遇、施設での生活、学校でのいじめは、本人の足元に開いた穴であり、垂直的に襲いかかる困難である。子ども時代の彼女にとって、いじめや里親に出されることが、国籍に関わる人種的な差別に由来するものだということは見通しようがない。個人が経験する逆境は、しばしば社会構造において生じる排除を背景に持つ。[38]

縦軸の逆境は、横軸の排除と連動する。本人がまず直面するのは足元の困難であり、穴を生み出した横方向の社会構造的な排除は隠されている。社会的排除の横の拡がりと、垂直的な逆境とが交差する地点に人は立たされる。すき間は逆境でもある。彼女が経験した垂直的な逆境には、家族での虐待や養育放棄、学校でのいじめをはじめとする社会的排除、そして国籍の認定をめぐる国家水準の排除という三層の排除が積み重なるのである。宮地尚子の環状島モデルでは犠牲者が内海に沈み込む。これも垂直方向の逆境のイメージである。命を奪われた犠牲者でなくとも、誰にとっても命を奪われかねない逆境は落下の運動としてイメージされうるだろう。

めざすべきは一方では排除を生み出さない社会であるが、他方では逆境を反転することを可能にする方途である。そして逆境が社会的な排除と連動している以上、個人的な努力や心理療法だけでは反転は不可能である。

注

（1）アイヌのように厳然とした差別がありつつ、同化政策を進めて固有の共同体（コタン）を完全に消滅させたケースもある。
（2）黒川みどり、『増補　近代部落史——明治から現代まで』、平凡社ライブラリー、二〇二三。
（3）島崎藤村、『破戒』、筑摩書房、一九六八。
（4）竹澤泰子編、『人種の表象と社会的リアリティ』、岩波書店、二〇〇九、一一頁。
（5）磯前順一、吉村智博、浅居明彦監修、『差別の地域史——渡辺村からみた日本社会　シリーズ宗教と差別第三巻』、法蔵館、二〇二三。
（6）樋口直人、『日本型排外主義——在特会・外国人参政権・東アジア地政学』、名古屋大学出版会、二〇一四、一一五頁。
（7）今村仁司、『排除の構造』、前掲書、二二八頁。
（8）同書二二八頁。
（9）同書二二九頁。
（10）ハンセン病については多くの研究があるが、当事者の表現にフォーカスした二冊を挙げる。荒井裕樹、『隔離の文学——ハンセン病療養所の自己表現史』、書肆アルス、二〇一一、蘭由岐子、『「病いの経験」を聞き取る——ハンセン病者のライフヒストリー　新版』、生活書院、二〇一七。
（11）川﨑愛、「ハンセン病療養所における優生手術」、『流通経済大学社会学部論叢』、第二九号二巻　二〇一九。
（12）精神障害者の入院における人権をどのように回復するのか、という視点から、次の資料をあげたい。都立松沢病院編、

『身体拘束最小化」を実現した松沢病院の方法とプロセスを全公開』医学書院、二〇二〇。
(13) 厚生労働省、「日雇い派遣労働者の実態に関する調査及び住居喪失不安定就労者の実態に関する調査の概要」、二〇〇九年八月二八日、https://www.mhlw.go.jp/houdou/2007/08/dl/h0828-1a.pdf（二〇二〇年二月一五日閲覧）。
(14) 丸山里美、『貧困問題の新地平〈もやい〉の相談活動の軌跡』、旬報社、二〇一八。
(15) 森田洋司、『いじめとは何か』、前掲書、九八頁。
(16) 斎藤環、『中高年ひきこもり』、幻冬舎新書、二〇二〇、二五頁。
(17) 同書二六頁。
(18) 勝部麗子、「伴走型支援と地域づくり――住民とともにつくる伴走型支援」、奥田知志、原田正樹編『伴走型支援――新しい支援と社会のカタチ』、有斐閣、二〇二一、六一頁。
(19) 法務省、「刑法の一部を改正する法律の概要」、https://www.moj.go.jp/content/001228126.pdf（二〇二三年二月一八日閲覧）。
(20) 宮地尚子、『環状島＝トラウマの地政学』、みすず書房、二〇〇七、一四頁。
(21) 松本俊彦編、『「助けて」が言えない――SOSを出さない人に支援者は何ができるか』、日本評論社、二〇一九。
(22) 井上瞳、「語ることと語り出すこと――性暴力とトラウマケアをめぐるアイデンティティに関する考察」、『ジェンダー研究』、二五巻、二〇二二。
(23) 上間陽子、『裸足で逃げる――沖縄の夜の街の少女たち』、太田出版、二〇一七、八頁。
(24) 大嶋栄子、「塀のなかの女性たち――今こそソーシャルワークを」、信田さよ子編『女性の生きづらさ――その痛みを語る』、日本評論社、二〇二〇、九七‐九八頁。
(25) グニラ・ガーランド、『ずっと「普通」になりたかった』、ニキ・リンコ訳、花風社、二〇〇〇年、二二六頁。

(26) 同書二六二頁。
(27) 谷田朋美、「「名付けられない病」と24年」、毎日新聞、二〇二〇年一二月二五日、https://mainichi.jp/articles/20201225/ddm/005/070/005000c（二〇二一年六月一六日閲覧）。
(28) 野島那津子、『診断の社会学――「論争中の病」を患うということ』、慶應義塾大学出版会、二〇二一、七〇頁。
(29) 同書一三一頁。
(30) 三浦・村上・平井、『異なる景色』、前掲書、三〇頁。
(31) 石原真衣、『〈沈黙〉の自伝的民族誌――サイレント・アイヌの痛みと救済の物語』、北海道出版会、二〇二〇、一一―一二頁。
(32) 同書一四七頁。
(33) 同書二五〇頁。
(34) 同書一八三頁。
(35) 同書一五七頁。
(36) 井上瞳、「語ることと語り出すこと」、前掲書。
(37) ウィリアム・フォークナー、『八月の光』、黒原敏行訳、光文社古典新訳文庫、二〇一八、一九一―一九二頁。
(38) 社会的な排除はこの例のように必ず逆境を伴うだろうが、とはいえ（たとえば突然の病や貧困・暴力など）社会的排除がなくとも逆境に直面することもある。それゆえ排除と逆境は異なる問題でもある。

第Ⅱ部　すき間と出会う——かすかなＳＯＳへのアンテナ

第5章　すき間と出会うための論理

1　すき間を探すアウトリーチと居場所

子ども支援におけるアウトリーチ――見えないすき間を探す

第Ⅰ部ではすき間を生み出す排除の論理について国家・社会・家という三水準、そして可視的なすき間と見えなくされるすき間、さらに直接経験される縦軸の逆境と背景で見えないままに作動している横軸の排除という区別を立てて議論してきた。本書後半ではすき間との出会い方、すき間からの声、すき間を生まない世界を考えていく。まず第Ⅱ部では逆境を通して出会われる複雑な構造を踏まえつつ、すき間に追いやられた人とどのように出会うのか、哲学の課題として考えていきたい。

第5章ではまずすき間を探し、すき間を生まない世界の見取り図を具体的な事例から記述して、第6章以降の本書後半のイントロダクションとしたい。

まず序章で引用した保育士西野さんの語りを思い出してみよう。一七歳の少年が町を歩いていることに不自然さを感じた近所の目と保育士の目がなかったとしたら、周囲もまた気づかなかっただろう。〈かすかなSOSへのアンテナ〉を二人が持っていたからこそ、少年と出会うことができた。少年が自分でSOSを発したわけではない。しかしアパートの階段で雨露をしのぎ、午前中から町を歩いている様子自体がシグナルとなり、町中を歩いている西野さんと近所の人がキャッチしたときにこのシグナルがSOSになったのだ。本人の苦境は潜在的なSOSとなっているが、しかし生き延びようとする本人の力があるからこそこれがかすかなSOSともなっている。つまり少年の力と周囲の人のアンテナが出会ったときにSOSが成立する。本書ではこのような場面を〈かすかなSOSへのアンテナ〉と名付けて概念化したい。

この少年は父親からの暴力から逃れるために家出をしていた。ところが児童福祉法の適用範囲が一八歳までであるために一七歳の少年を支援することを公的機関は渋る。そして少年は軽度の知的障害も持っていた。このようなケースの場合、家からも福祉制度からも排除されてしまう。つまり虐待という家での排除がまず目につくが、児童福祉法という国家の制度からの排除が関わり、さらには社会からの無関心という排除という三水準の排除が関わっているのだ。

西野さんの場合、そもそもすべての人と出会おうとする態度、出会えていない人が身の回りにいることに気がつくこと、そしてその人に向けて出会おうとすること、このようなプロセスをたどっている。若い頃から町が抱えている困難と出会うためにあえて町を歩き、路上生活の人たちに声をかけ、園児と路上生活の人が出会う場を作り出す、といった意識的な活動の蓄積が背景にある。

精神科医療や福祉におけるアウトリーチという実践は、セツルメントと呼ばれた一九世紀末に始まる社会福祉黎明期の活動に源を持つだろう。初期の活動家はイギリスやアメリカの貧困地域のなかにトインビーホールやハルハウスといった施設（セツルメント＝隣保館）を作り、地域住民に教育機会を提供するとともに生活支援に乗り出している。彼らの活動はすでにアウトリーチが成立するための条件を示している。つまり地域のなかにニーズを持った人が住んでいるということ、そしてその同じ地域のなかにともに活動する人たちのネットワークが生まれること、そしてニーズを持った人たちが集う居場所が生まれることである。

居場所とアウトリーチについて、あらためて私が調査をしていた大阪市西成区北部の子育て支援を例に取りながら考えていきたい。西成区は生活保護世帯が二三％を数えるが北部はさらに多いことが知られている。この地域については労働者支援と路上生活者支援が知られているが、しかし逆境にある家庭の子どもの支援そして子育ての支援に取り組む人たちがいた。一九三三年に聖心セッツルメントが無料診療所と託児所を開設したところから子育て支援の歴史が始まる。

かつては日雇い労働者の町だった釜ヶ崎の場合、労働者の子どもたちが保育園や学校に行かずに日中路上に居ることが少なくなかった。あいりん学園（一九六二–一九八四）という不就学時のための小中学校が作られたのは、第一次西成暴動の翌年だった。あいりん学園には日本初のスクールソーシャルワーカーが設置され学校に通っていない子どもを探し出してサポートするアウトリーチを始めた。（職業安定所と病院を擁した）労働福祉センターと同じ一九七〇年にわかくさ保育園が設立される。誰にも見守られていない子どもたちを見つけるために、わかくさ保育園ではあおぞら保育という活動が一九七一年の開園当初から始まり、現在も続けられている。あおぞら保育は保育士が毎週地域を回りながら、気になる子どもがいないか探していく活動だ。

一九七七年には荘保共子さんを代表とするこどもの里の前身が生まれている。一九九五年にわかくさ保育園の当時の園長を中心に、あいりん子ども連絡会という地域の支援者による多職種連携の会議が生まれた。これが二〇〇四年の児童福祉法改正法で定められた要保護児童対策地域協議会（要対協）へと継承されていく。現在でもこの西成区の要対協は中学校ごとに設置され、月一回の実務者会議に保育園の担任やこどもの里など地域の居場所のスタッフ、小中学校の生活指導主事、保健師や生活保護担当のソーシャルワーカーといったように、現場で子どもや親の生活を熟知している人たちが集まる（この点は全国の他の地域と大きく違う特筆すべき点である。他地域の要対協の多くは形骸化しており、年に数回の開催で、教育委員会や校長教頭といった子どもとは関わりが薄い人をメンバーとする）。また、他にわが町にしなり子育てネットという名前の官民七〇団体からなる組織があり、定期的に会合を開いて連携している。

地域の居場所（こどもの里、今池こどもの家、山王こどもセンター、そしてわかくさ保育園）を中心として、地域の支援者同士の顔の見える連携がある。この多職種連携と居場所は、アウトリーチと補い合う関係にある。

大阪市の事業である子ども家庭支援員、そしてわが町にしなり子育てネットの自主事業としてのぴよちゃんバンクといった家庭訪問事業があり、あるいはこどもの里のスタッフがボランティアで家庭訪問をすることもある。わかくさ保育園では伝統的にあおぞら保育という地域で養育を受けていない子どもたちを探す活動もある。もう一つは特定妊婦のもとを母子手帳をとってから一歳までの約一年半のあいだ助産師が定期的に訪問する大阪市の事業あるいは小学校のサポーターが不登校児を訪問する事業もある。つまり子ども支援だけに限っても、いくつかの種類のアウトリーチが同じ地域のなかで重層的に活動しながら、要対協というオフィシャルな連携と非公式のつながりがある。

一言でまとめると、多島海的に拡がる居場所と、多重にはりめぐらされたアウトリーチ、つまり困難を発見し、伴走型の生活支援をするアウトリーチが組み合わさっている。これらの活動はすき間を見つけ、すき間にいる子どもをサポートにつなげ、親も含めて生活をサポートすることで親子をまるごと支えるという方針で一貫している。

居場所とアウトリーチの補い合い

さらにアウトリーチと補い合うのが、居場所が持つ避難場所としての機能である。

居場所とは、単に人が集まり滞在できる場所ではない。「居場所」とは、安全と安心が得られる場所であり、不当な権力関係が働かない場所であり、語ることも何も語らないで沈黙していることもできる場所、自由な遊びの場所であり、何かをしてもよいし、何もしないでぼうっとしていてもよい、離れても帰ってくることができるそういう場所である。

アウトリーチは、総じて親の支援という意味があり、とくに親の声を聴く機会となろう。それゆえ子ども主体の場である居場所と補い合う関係にある。たとえばこどもの里は一〇〇名ほどの子どもが集まる日常の遊び場であるが、週末里親の枠で宿泊する子どももたちもあり、あるいは緊急時にSOSを出した子どももあるいは親からの依頼で子どものショートステイも行っている。また同じ建物の三階はファミリーホームとして虐待ゆえに親元で暮らせない子どもたちが長期的に暮らし育っている。つまり家庭の状況に応じて、一時から長期にいたるまでさまざまな形で子どもを受け入れることで、遠くの施設に隔離されることなく地域での親子の暮らしが可能になるサポートを行っている。居場所自体がフレキシブルな受け入れの体制を持ち、かつ家庭での生活支援が組合わさる仕方で、親子の生活がサポートされている。

このように西成区のとくに釜ヶ崎地区は非常に充実した子ども子育て支援のネットワークを持ち、西成区全体で見ても過去一〇年以上虐待相談件数はまったく増えていない。これは大阪市、そして全国の統計では激増していることを考えると驚くべきことである。釜ヶ崎についてはとくにこどもの里という居場所と、その館長の荘保共子さんの精力的な実践によって有名なのだが、アウトリーチという視点から見たときには、多くの支援者が協働している姿が見えてくる。ネットワークとさまざまな水準の支援の連続性がキーワードになるように思える。すき間と出会うという視点から「アウトリーチにおける連続性」というテーマを設定して議論を進めていきたい。

私自身のフィールドワークをもとにして考察しているために子育て支援を中心とした記述になったが、同様のことはおそらく精神科アウトリーチなどさまざまな領域にも通じる。つまりアウトリーチによるすき間の発見と伴走型の生活支援、さらに居場所というのは、貧困であれ障害であれ困難を抱えた人にとって重要なリソースとなるのだ。しかも西成の子育て支援のアウトリーチには、複数の居場所、多重にめぐらされたアウトリーチの実践、それらが相互に連携しているネットワークによって当事者のみならず家族をまるごと支援するといったモデルを提示しているがゆえに、精神科医療ではおそらくまだ実現されていないラディカルな実践が見られる。

たとえば、精神科医療のアウトリーチの多くは、家族からの相談あるいは近所から保健所や警察への相談があって初めて始まることだろう。つまり本人からのSOSではないとしても、すでにそこに困難を抱えている人がいることは明らかになっている。社会から排除されていたとしても、可視化されている。ところが私が関わっている地域の児童福祉の場合、事情は大きく異なる。というのは子どもも親も自分からはSOS

を出さないことが多い。家のなかに閉じこもって周囲からは困難が見えていないことが少なくない。うつ病で朝起きれずに子どもに朝ごはんを準備できなかったとしても、罪悪感や恥ずかしさから母親はSOSが出せない。生活が苦しいはずなのに自分たちが苦境に陥っていることに気づいていないこともある。あまりの困難ゆえにSOSを出すことができない、あるいは出すすべがない孤立無援にある。

2　アウトリーチでキャッチされるSOS

かすかなSOSへのアンテナ

杉山春は『ルポ虐待』のなかで、子どもを置き去りにし、パートナーからは暴力を受けている女性がSNSには幸せな写真を挙げていたことに触れている。[1] 母親がSNSにキラキラした写真を載せて困難を隠すような事例は私の見知っている人たちにもいる。つまりすき間へのアウトリーチはこのSOSを出すことの難しさと関わっている。あくまでSOSは潜在的なものあるいはかすかなシグナルであり、それをキャッチするアンテナが必要になる。それゆえに〈かすかなSOSへのアンテナ〉と呼ぶことになる。

居場所とアウトリーチは補い合うことで機能する。とくにアウトリーチの家庭訪問においては子育て支援が中心になるので母親の声を聴くことになる。これに対し（子どもが親から離れることができる）居場所では、子どもが語りだすことができる。子どもと母親どちらも自らの声で語りだすことができる条件が整うことは重要だ。子どもを支援し子どもの声を聴いただけでは足りない。子どもの困難の背景に、すき間に隠れた親の困難がありそれこそケアされる必要があるかもしれない。そもそも虐待で一時保護された子どもがいるときに、ケアされていない親のもとに子どもが戻ったとしたら再び虐待が生じる。もちろんアウトリーチ単独ではなくその人が語り始められる居場所が必要になる。(2)

子ども子育て支援のアウトリーチとかすかなSOS

次の引用は家庭訪問で町中を自転車で回りながら生活支援をしつつ、私とのインタビュー当時はこどもの里で居場所のサポートも行っていたスッチさんによる語りである。

スッチさん　〔子どもがこどもの〕里につながって。で、まあ、なかなかアウトリーチで行ってるところって、孤立もしてるし、どちらかって〔いうと〕見守りケースやったりとかっていうのとかが多いから、なかなか言語化もされへんし、見えにくいんだけれども、〔居場所であるこどもの里に来たら〕しっかり、子どもを主体として、何ていいうかな、捉えるっていうか、見える化するっていうか、ちゃんと、一つ一つの、背景やったりとか、今ある場所があるから見える課題やったりとか、困りごとやったりとかっていうのが見える化されるっていうか。

村上　あ、なるほど、そうか。子どもが主人公になるような仕方で、そういうことが見える化できる場所が、でも、そうか。おうちにいると、なかなかそうもうまくいかないけど。

スッチさん　うん、ない、ない。ないし、〔訪問だと〕どうしても子どもらが〔二の次になるから〕、やっぱり、親がやっぱり、一番やっぱり最初の〔支援対象〕になるし、親支援っていうふうになるけども。

大事なことはそれぞれの当事者が、安心できる場所と語り出せる場所を持つことである。居場所とアウトリーチがどちらもそろったときに、初めて子どもも親も困りごとを語り出せるのだ。すき間が発見されること、そしてそのうえで主体的に声を発すること、この双方が重要になる。子どもにとっては地域の居場所が安心できる場所であるし、親にとっては自宅に迎えた支援者との対話だったということだ。オープンダイアローグが複数の支援者で家庭に訪問するのも、自宅は自分のテリトリーなので当事者も家族もともに語りだすことができるからであろう。

スッチさん　ううん。ね、最初は、保育所に行けてなかったりとか、それから、「送迎で行くよ」って。で、送迎〔に〕すごく困っていることが見えてるから、それに対してだけ、「サポートするよ」っていうような形で行くんだけど、でも実際は〔玄関を〕開けてもらわなあかんし、ていうと、〔保育園に行く〕準備はできてないし、まず〔お母さんを〕起こすところからとかっていうことになったりとかするから。実際的には、それで〔家に〕入って、今するべき、保育所の準備を一緒にしたりとか、お母さんの話聞いたりとか、ていうことが、生まれてくる。それだし、すごい、本当に、ごみ屋敷状態のところなんかは、一緒に、ちょっと片付け、そういうのを経て、なんか、「一緒に片付けようか」ていうようなことになったり、そうやって。「いつのん？」っていうようなパンを、布団のなかから出してきて食べるとか、『おお』と思いながら。フフフフ。

この語りのポイントは、アウトリーチという実践が持つあいまいさにある。子育て支援におけるアウトリーチには、保育園への送迎支援、家の片付けの手伝いなど、家のなかに入り込んでの生活そのものの支援がある。さらに支援者が母親の話を聴くこと、そして同行支援と呼ばれる区役所や病院へ同行して手続きを支援する業務など、さまざまな側面がある。これらの実践は、母親にとって必要なニーズを一つひとつ聴き取って応えていくことであり、かつ一旦は切断してしまっていた社会との関係をつなぎ直す作業である。これらの一部はソーシャルワークに含まれるだろうがそれだけではなさそうだ。生活する母親と子どもにとってのニーズが発見されたら、そのつど応えていくという関わりである。

家を訪問したときに初めて気づくことができるような困りごとや問題として表現されるかすかなSOSをキャッチし、生活を含めてサポートすることで困難を補完する。そしてそのようなSOSへのアンテナが子どもも大人も、虐待も障害も貧困も気づかうことで可能な限り網羅的であること、これが誰も取り残されることがないすき間の生まれない世界のためには必要だろう。

次の引用は、西成で長年訪問活動をしている助産師が特定妊婦だった家庭を訪問する場面である。私がインタビューをお願いしたひろえさん（松浦洋栄さん）もまた西成の町中を自転車でめぐって妊産婦を訪問している。

ひろえさん　だけどその父親たる、その一七〜一八の男の子が、なんかほんまにヤンキーやなと思って、『アーッ』いう感じかな〔注：子どもにリスクがあるかな〕って思ったら、あかちゃんの扱いは悪いんだけれども、——何て言ったかな——「俺らな、あかちゃん生まれたけど、誰にも祝ってもらったことないねん」って言うから。〔…〕

で、お祝いももらってないから、自分を育てた、おばあちゃん、ひいおばあちゃんかなんかから、ベビーカーかなんかを、中古かなんかの、ちょっともらったんやけど、それしかもらってない。他には誰にも、自分の親とかにもね、「あかちゃん生まれておめでとう」とか〔言ってもらえなかった〕、どころか、「何ももらってない」っていう話をしたりねしたんですよね。それが一〇代のおうちやって。

本人たちも意識はしていない困難をひろえさんはキャッチしている。かすかなSOSをキャッチできるのは、その人のホームグラウンドである自宅で、助産師を信頼しているからである。気を許せるような関係も助産師が毎週の訪問のなかでつくっているからである。ひろえさんは母親を責めることなくできるだけほめて、困りごとをサポートしている。〈かすかなSOSへのアンテナ〉は、ソーシャルワーク的なアウトリーチにおいて、決定的なポイントであろう。

実はひろえさんはこの訪問実践と並行して、虐待へと追い込まれた母親のグループワークのファシリテーターを長年勤めていた(3)。彼女にとって、虐待に追い込まれてしまって子どもが一時保護で分離されるケースは、母親を心理的に支えることと生活の場での子育て支援ができなかった帰結なのであり、それゆえ本当は虐待が起こる前に、誰かがすき間に気づいてサポートに入ることが大事だと意識しているのだ。

注

（1）杉山春、『ルポ虐待――大阪二児置き去り死事件』、ちくま新書、二〇一三、四二、五九頁他。

（2）私が『母親の孤独から回復する』、前掲書で取り上げたのは、そのような母親たちが言葉を回復する場所だった。

（3）　拙著、『母親の孤独から回復する』、前掲書。

第6章　すき間と出会うための歩行

1　俯瞰と順路

地図ではなく順路としての地理

子ども支援の調査のなかで私が出会った人たちは、町を歩いてすき間に追いやられた人と出会っていた。第6章で提案したいのは、歩くことで軌跡を描く「線」というメタファーである。すき間と出会う実践は、歩行と個別の語りという営みと密接に結びつく。

歴史家であるが宣教師として文化人類学的な知見を持っていたミシェル・ド・セルトーが紹介した、C・リンダとW・レイボブの研究によると、場所に関する叙述は地図的か順路 parcours 的かの二種類だという。地図というのは俯瞰的に見ることによって描写する「～があります」という記述であり、順路というのは「～を入っていって、通り抜けて、左に曲がって」というように歩いていく道のりを物語るものである。

住まいや通りの物語においては、空間の操作、あるいは「順路」を語るのがほとんどである。たいていは、この叙述形態が語りの文体のすべてを規定しているといってもよい。もうひとつの形態〔「見る」「地図」〕がまじってくるときは、第一の形態〔「順路」〕に条件付けられているか、またはそれを前提にしているかのどちらかである。すなわち、「右に曲がれば…があります」とか、これに近い言いかた「まっすぐ行けば…が見えます」といった例がそうだ。いずれの例でも行うことが見ることを可能にしている。(1)

地図は状況から身を離して俯瞰的に眺める目線による記述である。そして歴史的にも地図は為政者によって作られてきた、上からの権力の視点によって、マスとして人々を捉える視点だ。年貢を取り立てることも、戦争の陣地を張ることも、支配者の俯瞰的な視点で地図を要請する。これに対し順路は、状況のなかに身をおいて体を動かし探索する目線である。「順路 parcours」と訳された単語は、「歩いて踏破する parcourir」という動詞に由来する。

そして歩行は語りと親和性が高い。物語的叙述とは、町を横切って歩行に沿って運動を描写していく語りである。俯瞰が地図を生み出し、歩行は物語を生み出す。ベンヤミンもまた「物語作者」のなかで語ることと歩行の結びつきを論じた。

口から口へ伝わっていく経験は、すべての物語作者が汲み続けた源泉であった。〔…〕俗に、「旅をする者はなにかを物語ることができる」と言う。その際の語り手は、遠くからやって来るものと考えられている。しかし人びとは、実直に暮らしを立てながら土地にとどまり、その土地の出来事や伝承に通じている

人の話にも、前者に劣らず好んで耳を傾ける。(2)

ベンヤミンは語る力が遠くからの知らせと過去の想起という二つの源泉を持つと考えている。時空間の距離をつないで人から人へと経験を伝達するのが語るという行為なのだ。すき間に追いやられた人も含めて、経験というものは語り得ない部分を含むものだが、時間あるいは空間の距離を飛び越えることで語りとなる。語りは、すき間における語り得ないものに言葉を与えようとする。そのためには歩行が手段となる。

歩くことと物語ることとは不可分だ。俯瞰する地図の目線からでは、町を歩き建物に居住する人々に出会うことはできない。順路にそって、あるいは脇道にそれて道に迷ったときに初めて、誰かと出会うことができる。そしてそのようにして時間と距離をかけて出会ったときに双方に物語が生まれる。

歩行をメタファーとして取ると、すき間にいる人と出会うこと、あるいはすき間の人が他の人とつながる実践は、上から俯瞰的に見渡すマッピングの側ではなく、歩行と語りの側にある。もっというと、制度という「俯瞰」で見渡したときには、原理的に見えないものがすき間である。すき間へと向かう眼差しは、見渡す俯瞰ではなく声をかけていく歩行のことなのだ。

面を捉える地図は、そこに一人ひとりの名前が描き込まれることはない非人称的なものである。これに対し、歩行と語りは歩いた人と出会った人の名前と身体性が刻印された人称的なものである。一人ひとりの歩行の出会いという視点から社会を考える限りにおいては、そもそも制限も境界線もないので原理上は排除が生まれない。もちろん歩行のなかで出会える人には限りがあるが、原理上誰とでも出会いうる。

まさに『ウォークス——歩くことの精神史』と題された書物のなかで、レベッカ・ソルニットは歩行が出会いと不可分であることに触れている。

ソノとわたしはおしゃべりをしているうちに、ベイエリアで最も危険とされる地域に含まれた自分たちの住む界隈が、それほど敵意に満ちたものではない（とはいえ身の安全を忘れて過ごせるほど治安がいいわけでもない）ことに気が付いた。かなり昔、路上で恐喝や強盗に遭遇したことはある。けれども、それとは違う出会いの方が数え切れないほど多かった。友人とばったり会うことや、探していた本を本屋のウィンドウで見つけること。話好きの隣人に挨拶されること。あるいは、目をよろこばせる建築や、壁や電柱に貼られた音楽会のポスターや政治的な皮肉の効いた落書き、占い師、ビルの谷間から登ってくる月、見知らぬ人々の生活と家々、鳥がにぎやかに騒ぐ街路樹といったもの。雑多で選別されていないものごとは、知らず知らずに探し求めていたことを見つけてくれることもある。(3)

「最も危険とされる地域」というラベリングは社会から住人の顔と出会わずに当てはめられている非人称的なものである。ところが危険とされたダウンタウンを歩いてみると、実は多くの幸運な出会いがある。このような出会いは偶然のものであるが、そのような「雑多で選別されていないものごとは、知らず知らずに探し求めていたことを見つけてくれる」、つまり出会う私たちの人生を意味づけてくれる。このようにして歩行は客観的な知識とは異なる物語的な意味を紡ぎ出す。このことは歩いて行くソルニットにとってだけでなく、ソルニットが道行くなかで出会った人たちにとってもそうだろう。

エノラ・ゲイの視点、被爆者の視点

統治者の視点は俯瞰だが、一人ひとりの市民は歩行の視点を取る。俯瞰と歩行のちがいは、たとえば原爆被害の当事者と出会いうるか否かといった場面でも顕著になる。宮地尚子が『トラウマの医療人類学』で引用しているヨネヤマ・リサの論文「記憶の弁証法――広島」をひきたい。

原爆被害の生存者の証言にはほとんど例外なく、被爆当時爆心地から何メートル、何キロの地点にいた、という空間的設定が含まれている。よく見慣れた爆心地から放射状にひろがる同心円を重ねあわせた広島市の地図のイメージによって、被爆者の記憶が媒介されているのである。だがこの同心円のイメージは、爆弾を投下し観測した航空飛行士の視覚を具象化したものでもあった。この視覚こそが、生存者を含む眼下にある総てを対象化・物象化（objectify）し、命名し、決定づける優越的な位置であり、その後の広島の各被害に関する叙述を強力に条件づけるものとなった。(4)

つまり広島原爆の犠牲者は、爆心地からの同心円でマッピングされるときに個別性を奪われる。俯瞰的な統治の視点のなかで位置づけられ意味づけられてきたというのだ。エノラ・ゲイからリトルボーイが投下される垂直線は、亡くなった人々を物象化・非人称化する抹消と、その後のアメリカ軍による占領という上からの統治のメタファーともなっている。俯瞰の視点においては、地上にあるものは不可避的に人格ではなく「対象」になる。このような俯瞰的な視点に対抗する形で街歩きと語りの活動があるという。この文章を論じた宮地を引用する。

そして彼女〔ヨネヤマ・リサ〕は、この優勢な空間的表象に対抗する動きの一つとして、被爆の証言者による「碑めぐり」の活動をあげる。これは、「この町をおとずれる人々とともに原爆被害にゆかりのいくつかの場所へと赴いて、自らが直接に目撃した原爆被害を語る作業」のことである。ここでは、語り手の主観性が重視され、語り手の被爆体験に対する意味付けが大きな意味をもってくる。(5)

俯瞰する視点ではなく、歩行と語りこそが名前を持った被爆者の個別の経験とかろうじて出会う手段なのである。もちろんその核となる人たちは亡くなっているので、すき間というよりも、沈黙の「内海」の海底に沈められている。とはいえ、生き残った被爆者が歩行と語りを通して伝承することは、かろうじて生きている人たちが突然抹消された人と出会うための手段なのだ。

路上生活者の支援を続ける稲葉剛はこう書いている。

さまざまなレベルで日々、進行する社会的排除に対する特効薬は存在しない。私たち一人ひとりが「外側からのまなざし」を持ち続け、日常の中で自分にできるアクションを不断に続けることこそが、唯一の対抗策なのだ。

それは、孤立している隣人に声をかけることかもしれない。

電車内で白い目で見られている路上生活者の隣に座ることかもしれない。

コンビニで働く外国人と挨拶を交わすことかもしれない。

友人との会話の中で飛び出した差別発言に「それはおかしい」と勇気を出して言うことかもしれない。(6)

稲葉は歩行のなかですき間に追い込まれた人と出会う実践を主張する。俯瞰する視点では見えなくされている人と歩くなかで出会うこと、そして単に歩くだけでなく声をかけること、声を上げることと一体となった歩行を彼は要求している。

2　歩行と多元的世界

すき間にいる人の歩行と対人援助職の歩行

とはいえやみくもに歩いてもすき間に追いやられた人とは出会えない。顔と名前を持ったものとして歩かないと顔を持った人とは出会えない。

次の語りは序章で登場した保育士西野さんのものだ。貧困地区で福祉的な活動に取り組んできた彼が、若い頃に上司から「町を歩け」と言われた場面である。

西野さん　「町を歩いてるんだけど、僕自身、なかなか課題発見が、できないです」って〔上司に〕言ったら。で、そのときに、返ってきた答えが、「君はね、通行人Aとして、町を歩いてるから、何も見えないんじゃないのか?」って聞かれて。「あ、そうか。」通行人Aということは、すれ違う人にとっても、顔も名前も分からず、覚えてないような状態になってしまう人たち同士、じゃあ、「あなたはちゃんとアンテナを張って意識を持って歩いていますか」って言われて。今度、「あなたが通行人Aってことは、向こうの人たちから見ても、あなたがそうなんですよ。だからあなたは何も見えないんですよ」って言われたので。

何も変わらず、何も状況は変わってないんですけども、少し、意識の持ち方を変えながら、町を歩いていると、一番最初に意識がいったのは、やっぱり路上生活されてる方たちの暮らしやったんやんね。(7)

このあと西野さんは保育士でありながら、路上生活者たちと交流し、序章で引用したように家を失った青年に声をかけ、声かけでつながった地域の人たちとネットワークを作っていく。「あなたはちゃんとアンテナを張って意識を持って歩いていますか」という言葉に触発された西野さんは歩きながらすき間にいる人が発するかすかなＳＯＳへのアンテナを磨いていくことになる。

西野さんの活動では、当事者も支援者も歩行する人として出会う。路上生活者に挨拶をし、一緒に野球大会をする関係を作っていくがゆえに、制度のすき間に陥った人とも路上の隣人として出会われる。ただしすき間に陥った当事者は道のない危険に満ちた暗闇のなかを手探りで進み、支援者は明るい安全な道を進みながら、両者が出会うというメタファーが適切なのかもしれない。このとき安全な「道」は「制度」で守られていることのメタファーとなるだろう。

そもそもこのようにして「見つけられる」のはすき間にいた少年だけではない。西野さん自身もまた出会いのなかで西野さんになったのだとも言える。

フランスの哲学者エマニュエル・レヴィナスは、他者の「顔」に取り憑かれることを倫理の出発点に置いたことで知られている。人間の非人称化をもたらす国家の全体性に対抗しうるのが、悲惨のなかにいる人の顔に呼ばれることだと『全体性と無限』では語っていた。(8)つまりすき間にいる人からかすかに呼ばれることで、西野さんもまた主体としてたち現れるのだ。すき間が見えていないときには、私たち自身も非人称的な俯瞰の眼差しのなかにいるのであり、単独者として存在しえないのだろう。すき間は一見すると取るに足らないものとしてマジョリティの社会から遺棄された人の場所なのだが、実はそのような場所に置かれた人からの呼びかけに応えうるのかどうかによってマジョリティ側が個別者として立ちうるのかどうかということが決まる、という秩序の逆転を孕んでいる。

さらに言えば、歩行するのは支援者だけでない。そもそも私たち全員の人生は歩行のメタファーで表現できるものであり、声をかけられるかどうかで意味づけが変わる。そして困難の当事者の経験もまた、どこに向かっているのかわからない道なき荒野を探索していく歩行を続けているか、道に迷っているか、あるいはどこかにうずくまっているはずである。注意が必要なのは、歩行の「線」は外から「線」として眺めるものではないということだ。そうしてしまうと俯瞰になってしまう。歩行するさまよいや探索のその瞬間には、モグラが土を掘るようにやみくもに軌跡の先端が伸びていくというほうが正確なイメージである。

マジョリティが上から統治者の視点で考えるからこそ、すき間から外に追いやられ弱い立場に置かれた人を円で包摂するイメージが登場するのであり、これは暗に「助けてあげる」という温情的なパターナリズムを前提としている。俯瞰的に個人を匿名的な福祉制度のなかに包摂する円のイメージとは異なる視点を構想する必要がある。

本書が提案する視点は、当事者も支援者も歩くなかで、出会ったり出会えなかったりする視点である。人称性を持った顔の見える関係で出会う出来事からすき間を考えたい。そして、このとき歩行の線は単なるメタファー以上の実践的な意味を持つ。現実的に歩行する誰かと出会うか出会わないかという問いになるからである。

そして歩行というイメージで社会を考えたときに、ナラティブが意味を持ってくる。一人ひとりの歩行（人生）の軌跡は語りになったときに軌跡として残るからであり、ベンヤミンが考えたように人との出会いや過去との出会いはナラティブという姿をとるからだ。

私自身インタビューを重ねて多くの人のライフストーリーを聴くなかで、語り手の人生の行路に立ち会ってきた。限られた時間のナラティブへと圧縮されながらも、語り手の歩みがその個別性とともに背景に横たわる地層が保存される。インタビューをもとに書かれた拙著の何冊かはその軌跡である。あるいは見方を変えると、一人ひとりの生き様の行程を、その個別性を保存しながら圧縮する方法は、映像も含む広い意味でのナラティブ以外には存在しないと思われる。

困難の当事者の語りを聴く場合も、支援者の語りを聴く場合も、語られるのは人生の道行きのなかでの出会いなので、歩行と出会いに集中する限りは俯瞰的な統治の眼差しにはならない。人生の歩行の線とその語りに視点を置く限りにおいては、少なくとも顔を抹消することはないすき間の記述が可能になる。

迷　路

私たちは、社会的包摂が持つ円のイメージに代えて歩行のイメージを提案した。そしてすき間に陥った人は道のない暗闇を歩いているというメタファーを用いた。

まずレベッカ・ソルニットの『迷うことについて』を引用したい。道に迷った一一歳の少年のエピソードだ。

この子は命にもかかわる難病の変性疾患のために耳が聞こえず、視力も失いつつあった。カウンセラーが引率する遠足キャンプに参加して、ほかの子といっしょにかくれんぼをしていたところ、かくれるのが上手すぎたのか日が暮れてもみつからず、ひとりで戻ってくることもなかった。要請が入り、捜索救助隊は暗闇のなかへ出勤した。沼の多い一帯に向かいながら、サリーは凍えるような冷え込みで生きてみつからないことを恐れていた。くまなく捜索するうちに夜明けを迎え、ちょうど日が昇ろうというころ、笛の音に気がついた。音のする場所へ駆けつけてみると男の子が震えながらホイッスルを吹いていた(9)。

道に迷った少年のエピソードをメタファーとして考えることができるだろう。すき間に落ちた人は世界のなかで迷い、そもそも少年は耳が聞こえず目も見えにくい。彼は探しても見つからない場所でかすかなＳＯＳしか発することができない。あるいは耳が聞こえない少年がホイッスルを吹くという状況が、すき間からの声のメタファーとなっている。そしてすき間の人を探す者たちもさ迷いつづける。

文化人類学者ティム・インゴルドは『ラインズ』でさまざまな「線」を紹介している。正確には、線、糸、軌跡、穴、網目、テキストといった多様な「線」のバリエーションである。どのページも魅力的なのだが、とりわけ私の目を引くのは迷路についての記述である。

インゴルドは迷路を「日常的経験世界の地下に存在すると信じられている死者の世界における移動と徒歩旅行の強烈なイメージ(10)」と紹介しているのだが、私にはこの死者の世界の迷路は、死者ではなくまさに私たちの生のイメージ、あるいは少なくともすき間において手探りで歩みを進める人のイメージとしても用いることができる。

シベリアの先住民族が夢に見た情景として紹介されているスケッチを引用したい。

シベリア北東部のチュクチ族についてのワルデマール・ボゴラスによる古典的モノグラフから一枚のスケッチを見てみよう。スケッチは、それを描いた男性が深い昏睡状態のあいだに見たという死者の地下世界の小道を描き出している。その世界は新参者を迷わせる入り組んだ通路に満ちているという。円は新しい死者が入っていく穴を表現している。それらの細道は風景に刻まれた足跡というよりも、表面の地下に張り巡らされた細い径路のように見える。死者は洞窟探検家のようにその経路をさすらう運命にあり、そこに到着したばかりのものは、迷路に迷い込んだ旅行者のように、たちまちその径路を見失ってしまう。[11]

夢のなかに登場した迷路は、死者がそこから冥界に入る入口と、その先の道行きを表しているという。チュクチ族の神話について私は知識を持たないが、死後の世界についての夢であるといっても夢を見ているのは生きている人であるから、死者の世界の表象は現実世界を反映しているだろう。それならば、このスケッチを現世の人の道行きと出会い、あるいは人が落ち込む穴の表象と考えてもよいだろう。

洞窟の道は、先端が伸びていく。先端からのそのつどの足元の視野しかない。上空から見渡すことはできない。語りの線もまた歩行の線と同じだ。どこに向かっているのかは分からない。そもそも穴に落ち込んだところから語りはつむぎだされる。見通しが利かないということは、俯瞰的な視点を取ることができないということだ。言い換えると、すき間とは俯瞰的な視点からは見えない場所のことでもある。

円は新しい死者が入っていく穴を表現している。それらの細道は風景に刻み込まれた足跡というよりも、表面の地下に張り巡らされた細い経路のように見える。死者は洞窟探検家のようにその経路をさすらう運命にあり、そこに到着したばかりの者は、迷路に迷い込んだ旅行者のように、たちまちその経路を見失ってしまう。幽霊となった旅人には、行きていた自分とは違って硬い地面の上を歩いている感覚がない。足の下に大地はないし、見上げても空はない。さらには遠くまで及ぶ視野や聴覚が失われている。〔…〕彼は土のなかに完全に閉じ込められ、裂け目や割れ目に沿って動くことしか許されない環境に幽閉され、周囲との感覚的接触を遮断されているのだ。(12)

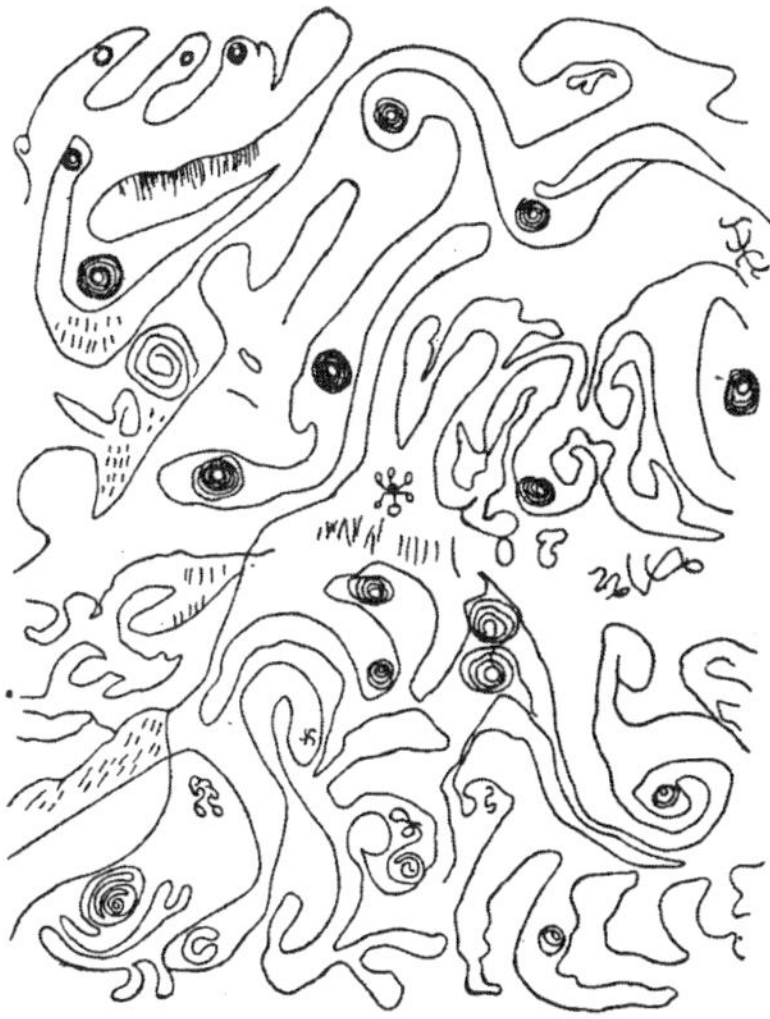

「死者の世界における小道をあらわすチュクチ族によるスケッチ Bogoras (1904-09:335)」
（出典）ティム・インゴルド、『ラインズ』95頁。

死者が地下をさまようこのイメージは、実は私たちの人生そのもののメタファーではないか。とりわけすき間のなかで道を失っている人の様子を表現していると読むことはできないだろうか。歩行から考えたときにすき間の現れ方は変わる。モグラの穴のように掘り進んでいって出会えるか出会えないか、出会ったときに気付けるのかどうか、交差できるかどうか、そういうしかたですき間は現れる。当事者の視点からの歩みと支援者の歩み、双方が対等の関係を持つ。それぞれ内在的視点を取るが、それぞれの視点からの歩みと出会いとすれ違いを描いていくことになる。

すき間が消えない今の世界を踏まえて本書が提案するイメージは、包摂する円ではなく、道のない開放的な暗闇の空間のなかを手探りで進む、伸びていく歩行のイメージだ。そして歩行の軌跡は交差したときに網、すなわちネットワークになる。歩行の糸はもつれて玉になることもあろうし、あるいは出会わなければほつれた先端になる。しかしこのネットワークは外からは見ることができない。あくまで歩みに沿って先端が照らされることができる、そういうようなネットワークである。

3　歩行と出会いから生まれる言葉について

環状島と波打ち際

歩行によって拡がる世界は、ある人と出会えるのか出会えないのか、という実践的な問いを持つ。

宮地尚子がトラウマの臨床のモデルとして提案した「環状島」もまた「歩行」のメタファーを用いる。環状島においては内海に犠牲者が沈む。なんとか這い上がってきたサバイバーが波打ち際にたどりつき、そこから内斜面をのぼっていきSOSの声をあげる。支援者は外斜面から尾根にのぼっていき生存者をさがすのだ。

宮地とさまざまな臨床家との対談をおさめた『環状島へようこそ』において、環状島のイメージがそのつど対話のなかで各対話者に応じて大きく拡がっていくことに私は触発されて、次のような問いを発した。

村上　上から環状島を眺めるというイメージの両方がありますよね。その両方を描けるのが大きいのかなと思いました。深いところに潜っていくところと、上から俯瞰するイメージ。

宮地　空からと海からと、たぶんもう一通りあって、地上ですね。あくまでも地べたを這うというか、外海から外斜面に上陸して、または内海から内斜面に這い上がって、環状島をとにかく歩くというのがメインです。〔…〕何も道具を持ってなくて、とにかくひたすら歩くしかない、みたいな。そういう地道なものがいちばん基本ですね。(13)

宮地からの返答は、歩行こそが環状島の根幹だというものだった。支援者は、傷つき、すき間に追いやられた当事者と歩行しながら出会えるかいなかが問われている。ぎりぎり生き残った当事者と直に出会いうるのは「波打ち際」であると宮地は語った。犠牲者が沈み込む内海でも、傍観者が眺める外海やあるいはおそらくは統計などの視点であろう上空でもないのだ。もともと、『環状島＝トラウマの地政学』を執筆した当時は外斜面に支援者を位置づけていたのが、(14)宮地自身がさらにサバイバーの側に踏み込んできているのかもしれない。ともあれ、歩むというメタファーがここでも活きてくる。『環状島＝トラウマの地政学』では、内海と波打ち際については次のように書かれていた。

〈内海〉は死者、犠牲者の沈んだ領域である。〔…〕死者の外側には、かろうじて生き延びてはいるけれども、正気を失い、言葉を失った者たちがいる。奇声を発する者もいれば、押し黙ったままの者もいるだろう。震えの止まらない者、硬直しきった者もいるだろう。意味不明の言葉をつぶやいている者、言葉ではなくわけのわからない絵をかきなぐったり、音らしきものを奏でようとする者もいるかもしれない。髪を振り乱し、踊っている者もいるかもしれない。このあたりに〈波打ち際〉がある[15]。

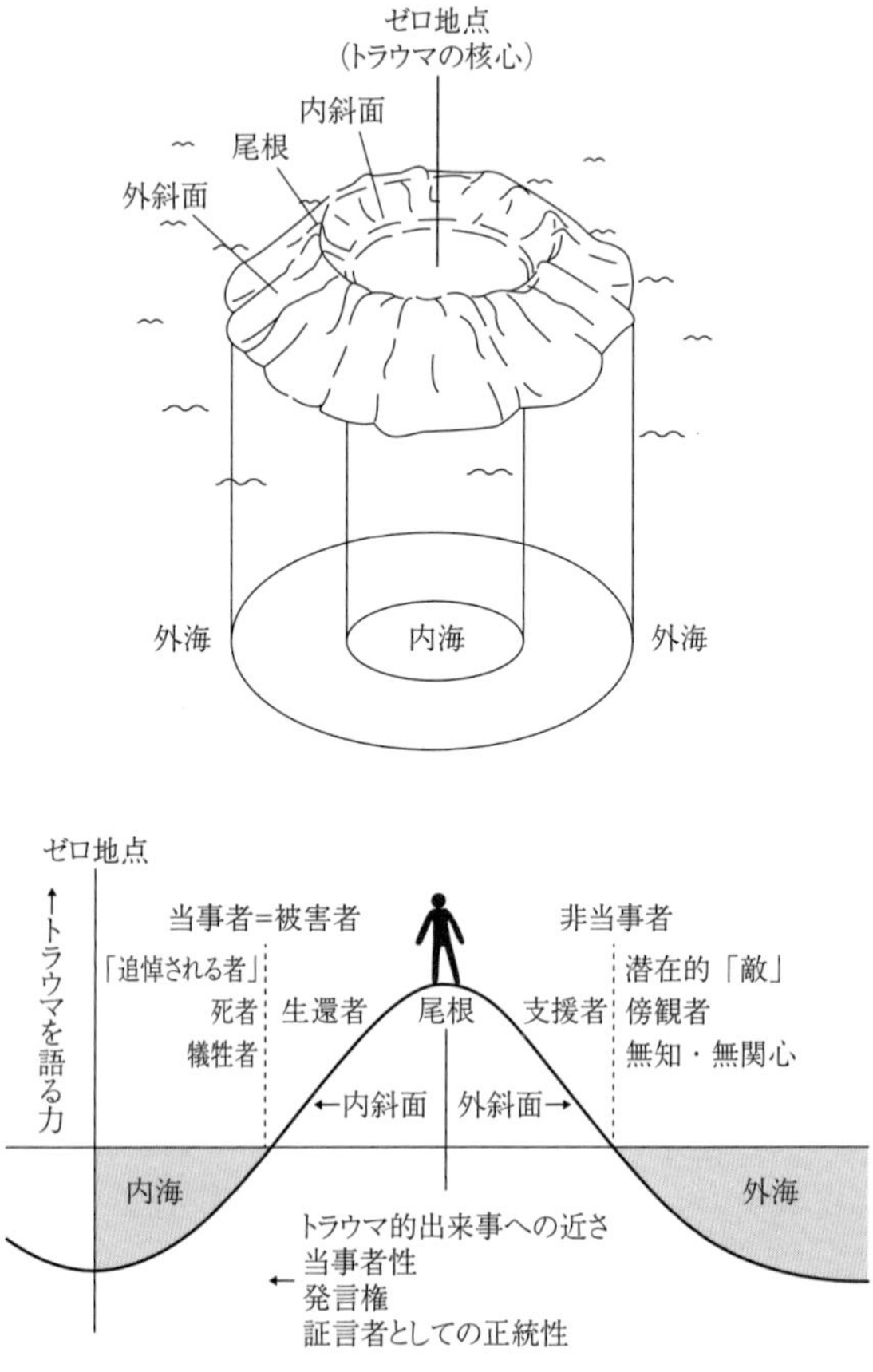

環状島の構造（上）と断面図（下）
（出典）宮地尚子、『トラウマ』、岩波新書、2013 年、44 頁

支援者もまた波打ち際に位置するのだとすると、対人援助職は波打ち際をひたすら歩き、波打ち際に浮上してきた当事者と出会うときに、治療は始まることになるだろう。ときには支援者自身が被害者の沈む内海に潜水することもあるかもしれないが、それは危険な実践でもあろう。そして、沈んだまま出会えない当事者も多数いるということを宮地は意識している。同時に、環状島というメタファーは、ランダムな歩行ではなく「波打ち際」をめざす方向性を持った探索のなかで、被害者と出会いうるということも含意している。

宮地の臨床は、かろうじて語りうるサバイバーと、ぎりぎりのところで出会い、かすかな言葉を聴き取るというところで成立している。『環状島＝トラウマの地政学』での議論では、生存者は内斜面を登ってかろうじて尾根にたどり着いたときにＳＯＳを出す、となっていた。しかし実際にはＳＯＳを出すことができない人が多数存在する。対談のなかで宮地が語った「地べたを這う」という表現は、ＳＯＳを明確に出すことができない人のサインを感じ取ろうと身を低くして耳をそばだてるということであろう。

環状島と波打ち際のメタファーは、トラウマに限らず、あらゆる当事者と呼ばれる人とそうではない人との出会いにおいても適用可能なのではないか。出会える場を探しもとめて歩くということのなかにすき間に追いやられた人との出会いの可能性の一つがある。

歩行と語り、人生の重ね合わせ

歩行のなかですき間に追いやられた人と出会いえたときには、その人の人生は私の人生の一部になる。

コロンビア大学医学部教授の内科医でありヘンリー・ジェイムズ研究で文学博士の学位も持つリタ・シャロンは、医学部教育のなかにケアを学ぶカリキュラムがないことを疑問に思い、文学を活用したナラティブ・メディスンプログラムを開発した。このプログラムの一つにパラレル・チャートと彼女が名付けたグループワークがある。チャートとはカルテのことである。電子カルテには患者についての客観的な情報や医学的な見通しを書き込むが、医療者がパーソナルにどう感じたのか、どのような関係を患者と結んだのか、どのような思いで患者をケアしたのかについては書き込まれることはない。そこでシャロンは電子カルテと「パラレルに」、主観的な経験を書き込むカルテを、病院で実習を行う若い医師たちに書かせるのだ。

A4で一ページの紙に、ある一人の患者との出会いのなかで起きたこと、感じたことを書き、それをクラスで読み上げる。リタ・シャロンは読み上げられたテキストに対して、形式面（人称代名詞の使い方、時制、構成、話法、など）に注目したコメントを行うことで、学生たちのケアの経験を立体的に描く。

シャロンの本に挙げられるパラレル・チャートの例は、まさに困難な環境のなかにいる患者の個別の歴史と、医学生の個別の歴史が交差することで、ケアのなかで患者と医師双方の歴史が豊かになっていく場面を描いている。二つの例を紹介したい。

たとえばデイヴィッドは、名門大学出身の白人男性で健康な若者だ。(16) 彼がうっ血性心不全を患い死を待っている七九歳の黒人女性SCと出会い、不安にもかかわらず穏やかな佇まいの彼女を前にして「私も彼女のようにありたい」と考えるのだ。SCは黒人であり、貧しく教育を受ける機会もなかった女性であるが、「この女性から学びたい」とデイヴィッドが書き留めるとき、大きく異なる二人の境遇が交差することになる。この交差は、人称が「私たち（医療者）we」と「SC」の対比で描かれる冒頭の治療場面から、後半では「私」と「彼女」の対比による心的な交流へと文法的にも変化することで理解できる。社会の周辺に追いやられていた患者との出会いのなかで、デイヴィッド自身の人格が変化していく。つまりすき間に置かれた人との出会いは、当事者を「救う」かどうかはわからなかったとしても、支援者自身を変化させていく。

逆に、トルローペが描く出会いは苦いものである。

自らもアフリカ系移民であるトルローペは、若いアフリカ系移民の男性が薬物依存とＨＩＶ感染からのセルフケアの不足で死に瀕し、投薬と感染予防を怠ったゆえにパートナーや子どもも感染させ危険な状態に置いているのを目の当たりにして「激怒」する。

> この患者について知れば知るほど、私は怒りがこみあげてきて、激怒さえしている自分に気づく。……興味深いことに、強い怒りを感じているということに気づいているという事実によって、私は自分の感情を脇において、患者を適切に扱うことができる。〔…〕私が彼に対して共感〔…〕をもつことができる可能性はない。……私の想像は、それほど鮮明ではないので、彼の立場にたった私自身を見ることはできない。[17]

移民でありおそらくは苦労のなかで医学部の学生となったトルローペは、移民の薬物中毒者を前にして、それぞれに困難なアフリカの歴史に遡る家族の歴史を持つなかで、緊張と葛藤を経験する。移民である二人のライフストーリーが齟齬をきたしつつしかし否応なく接近し絡み合うときに、緊張に満ちたナラティブが生まれる。このナラティブはまずは自室で孤独に書かれたものであり、しかしクラスメートに向けて朗読することを前提としている対話的なものでもある。そしてこのナラティブ自体がトルローペのライフストーリーの一部分となる。つまり、トルローペの人生のなか、彼が出会った他の人の人生が織り込まれていくのだ。歩行のなかで出会う人たちは語りを通して私たちの人生の一部となり、そもそもこのように「出会い」うるか否かということが問われている。そして波打ち際での歩行のなかでの出会いは、トラウマ臨床に限られるものでもない。あらゆる人にとってもまた同じ構図のなかですき間に置かれた人と出会う。そしてしばしばマジョリティの側が揺さぶられ変化を余儀なくされる。

ただし、すき間と出会ったマジョリティの側が変化を経験するとき、すき間に追いやられて言葉を奪われたはずのマイノリティの側が説明を強いられている。すき間と出会うということ自体がまだ温存しているパターナリズムが、この非対称性に表現されているだろう。しばしばマジョリティ側は「話を聴いてあげた」と思い込むのだが、実際には、理解できないマジョリティのためにすき間にいる人が説明させられているのだ。私自身、このような「説明」を強いてしまった人の顔を何人か思い浮かべる苦い記憶とともに、出会い、聴くことの難しさを記しておきたい。

翻訳――すき間の異質性と出会う構え

すき間との出会いは、言葉を共有しない人との出会いとなることも少なくないだろう。言語も理解できないかもしれない他の人と出会ったときに次に生じるのは言葉によって理解可能性を探す試みだ。言語の均質さと理解可能性は、そこに当てはまらない人を排除する構造である。

つまり世界の全体性は、理解しえない他の人、異なる言葉と言語を持つ人が出会うこととしての〈関係〉のなかにしかない。〈関係〉とは理解し合うための共通項を持たない人同士が出会うことである。

排除の対義語は社会的包摂であるよりも前に、〈異質な人同士の出会い〉ではないだろうか。包摂は排除を前提としてその上で排除された人を「われわれ」が住む閉じた世界に包摂し直すというニュアンスを持つ。

社会的包摂の試み自体が批判されるべきことではないと思うが、包摂はそもそも排除があったから必要になった動きだ。包摂と排除の対立の手前にいったんは遡る必要があるのではないだろうか。

そもそも閉じた境界線を作って排除を生み出すという動きの前提にあるのは、均質性という幻想を維持しようとする力動である。均質な社会という幻想を捨てることが出発点であるように感じる。すき間と語りの親和性は翻訳という問題を引き付ける。

イタリア文学の英訳者であり、翻訳学の研究者でもあるローレンス・ヴェヌティは翻訳という営みがマイノリティの言語が持つ異質性をマジョリティ文化のなかにその異質性において発現させる営みだと考えている。

> この異質性〔フォーリン〕の発現こそ、私がマイナー文学に魅かれ、翻訳したいと思う理由だ。現地文化のなかで少数派にあまんじ、現地の聖典のなかで周辺的な位置にある外国〔フォーリン〕のテキストを翻訳することを私は好む。翻訳することで、アメリカ英語で標準となっている言葉づかいや文化様式をマイノリティ化できると思うからだ。[18]

翻訳も通訳もマイノリティの異質性を消してマジョリティ文化へと同化するのではなく、まさにマイノリティ文化が持つ異質性を伝達するポテンシャルを持つ。

すき間と出会った人も同じように異なる言葉、異なる論理と出会うだろう。もしかするとそのとき感じる違和感は、マジョリティ側が持つ密かな差別意識かもしれないし、相手が理解できていないことにすら気づいていないというらだちかもしれない。相手とのあいだで感じた異質さをマジョリティ側に同化することなく、しかしコミュニケーション可能な言葉へと翻訳する必要が生じる。つまりすき間と出会うときの言葉は、伝達不可能なものの伝達、誤解を含んだ理解になりうる。それゆえに翻訳というメタファーが役に立つ。人類学を論じるときメルロ＝ポンティがこの点をすでに見越している。

ところで、経験とは、人類学においては、われわれの知性が苦心して探し求めている総合がすでに成立しているような全体のうちに、われわれの手で〔先住民の経験という〕社会的諸主体を挿入することである。それというのも、われわれも、自分一個の生の統一のなかで、われわれの文化を成立せしめているあらゆる組織を生きているわけだから。われわれもそれであるようなこの総合からある種の認識が引き出されうるはずなのだ。のみならず、われわれが他国語を話すことを学びうるのと同じように、われわれの社会的存在の装置というのも、旅行によってこわされたり作り直されたりするものであり、ここに、普遍的なものへ向かう第二の途があることになる。といっても、厳密に客観的方法によって得られる大上段にのしかかる普遍（l'universel de surplomb）ではもはやなく、われわれが民俗学的経験によって、つまりたえず他人によって自己を吟味し自己によって他人を吟味することによって手に入れる側面的普遍（un universel latéral）なのだが、問題は、先住民の観点も文明人の観点も、さらには両者のあいだでのさまざまな誤解といったものも座を占めることのできるような一つの一般的な基準系を創ること、つまり、原理的に言って他国や他の時代の人びとにも接近可能となるような一個の〈拡張された経験〉を構成すること、これなのだ。(19)

マジョリティにおいて一旦は普遍的な「総合」知が成立したように見えるが実は、この総合はマジョリティ側にとっての総合にすぎない。マイノリティが追いやられたすき間とマジョリティが出会ったときに、総合と思われたものがぐらつく。逆に言うと、すき間は、マジョリティ側の知によって把握可能なものではなく、未知の外国語を学ぶように未知のものと出会い、すき間に置かれた人が持つ未知の文化を学ぶことでマジョリティの知の体系を組み換え、両者がお互いの文化を吟味して誤解を重ねつつも、少しずつ接近することによってでしか可能ではない。そのような総合不可能なすき間へのアクセスを含んだすき間との接続を、メルロ＝ポンティは「側面的普遍」と呼んでいる。

たとえば山内明美は日本における植民地主義の差別を論じるなかで、アイヌの神謡を日本語訳したアイヌの女性である知里幸恵についてこう語る。すき間に追いやられた先住民の側からの訴えでもある、マジョリティ言語への翻訳が話題となっている。

〈旧土人という〉自分たちへの思いもよらない侮蔑的な呼称、コタンは村や町となり、節のない文字によってしかアイヌの〈生〉の痕跡を遺せなくなった今、それでも、「アイヌ語に生まれアイヌ語のなかに生いたった」知里幸恵が、「拙い筆」に渾身の願いを込めた神謡集はあまりに重たい。「翻訳」という言葉同士の世界を越境する試みのなかにも、アイヌ語／日本語、日本語／中国語・英語のような権力関係はずっとあったのであり、インターセクショナリティを語るその言葉は、何語で語ればよいだろう。[20]

翻訳はしばしば侵略した側と侵略された側のあいだの権力関係をはらむ営みである。暴力を内包する異質な言語間を越境するだけでなく、ジェンダーや他のさまざまな差別構造も越境する営みとなる。翻訳が、追いやられた人へのアクセスのために必要なプロセスであることがあきらかになるのは、とりわけジェンダー論の文脈、とりわけ交差性（インターセクショナリティ）と言われる文脈においてである。たとえば先住民として抑圧され、さらに先住民社会のなかで女性として抑圧される人たちについて考えるときに、翻訳の重要性と困難が、すき間へのアクセスの必要性と難しさとともに際立ってくる。先住民女性である知里幸恵はあえて、アイヌ語を日本語へと翻訳して日本人に理解を求めることを強いられたのだった。

このような文脈のなかで、岡真理はそもそも翻訳という営み自体が暴力ではないかとも問いかける。

疑いようもなく明らかなことは、〔パレスチナで出会った〕彼女をジェンダー化された民族的主体として翻訳するということは、彼女に対する紛れもない言説的暴力である、ということだ。女性、パレスチナ人、パレスチナ人女性、あるいはフィラスティニーヤであれ、たとえ私が彼女を何と翻訳しようと、そして、彼女が実際に、彼女とはこのようなものだと私が想像するような、その何かであったとしたところで、彼女を翻訳するということそれ自体が、そもそも暴力的なふるまいにほかならないのだ。(21)

たしかに翻訳そして通訳のなかには異なる文化間の権力関係と暴力が内包されるであろうし、もしかすると翻訳は不可避なのかもしれない。とはいえまさに暴力にならざるをえないこの不均衡な二項間の切断ゆえに翻訳は、不可視化されたすき間の人と出会うための倫理的な力として要請されもするのだ。

歩行と歩行者の眼差しと声かけ、歩いて線が拡がり交差すること、自分が理解できないかもしれない言葉で発せられるかすかなシグナルをSOSとしてキャッチすること、一人ひとりの語りを細かく聴き取ること、暴力をはらむかもしれない翻訳を試みることのなかで、すき間を探索し歩行の線の拡がりと交差で生まれる世界は作られていくのだ。

　次の第7章では、第5章で提案した〈かすかなSOSへのアンテナ〉という概念をさらに彫琢していきたい。

注

（1）ミシェル・ド・セルトー、『日常実践のポイエティーク』、山田登世子訳、ちくま学芸文庫、二〇二一、二八九頁。
（2）ヴァルター・ベンヤミン、『ベンヤミン・コレクション2　エッセイの思想』、浅井健二郎編訳、ちくま学芸文庫、一九九六、二八七頁。
（3）レベッカ・ソルニット、『ウォークス――歩くことの精神史』、東辻賢治郎訳、左右社、二〇一七、二三-二四頁、明らかな誤字を訂正した。
（4）ヨネヤマ・リサ、「記憶の弁証法――広島」、『思想』（八六六）、一九九六年八月。
（5）宮地尚子、『トラウマの医療人類学』、前掲書、一五頁。
（6）稲葉剛、『閉ざされた扉をこじ開ける――排除と貧困に抗うソーシャルアクション』、Kindle版、No. 2153-2158。
（7）拙著、『子どもたちがつくる町』、前掲書、八八-八九頁。
（8）Son [ie. le prochain] épiphanie même consiste à nous solliciter par sa misère dans le visage de l'Etranger, de la veuve ou de l'orphelin. Totalité et infini.「〔隣人の〕顕現は、異邦人の、未亡人の、孤児の顔の悲惨さによって私たちに懇願す

ることのなかにある。」エマニュエル・レヴィナス、『全体性と無限』村上による試訳、Lévinas, M. *Totalité et infini*. La Haye: M. Nijhoff. 1961, coll. « Livre de poche », 1990, p. 76.

(9) レベッカ・ソルニット、『迷うことについて』、東辻賢治郎訳、左右社、二〇一九、一五頁。

(10) ティム・インゴルド、『ラインズ――線の文化史』、工藤晋訳、左右社、二〇一四、九三頁。

(11) 同前。

(12) 同前。

(13) 宮地尚子、村上靖彦、『とまる・はずす・きえる――ケアとトラウマと時間について』、青土社、二〇二三、一二三頁。

(14) 宮地尚子、『環状島＝トラウマの地政学』、前掲書、一二頁。

(15) 同書一一‐一二頁。

(16) リタ・シャロン、『ナラティブ・メディスン――物語能力が医療を変える』、斎藤清二他訳、医学書院、二〇一一、二三一‐二三三頁。

(17) 同書二三八‐二三九頁。

(18) ローレンス・ヴェヌティ、『翻訳のスキャンダル――差異の倫理に向けて』、秋草俊一郎、柳田麻里訳、フィルムアート社、二〇二二、二八頁。

(19) モーリス・メルロポンティ、『シーニュ　1』、竹内芳郎監訳、みすず書房、一九六九、一九二‐一九三頁、原住民を先住民に変更した。

(20) 山内明美、「日本型複合差別――試論　核を巡るインターセクショナリティ」、『現代思想』特集インターセクショナリティ、二〇二二年五月号、一六九頁。

(21) 岡真理、『彼女の「正しい」名前とは何か――第三世界フェミニズムの思想』、青土社、二〇一九、二九頁。

第7章　かすかなSOSへのアンテナとその地平

1　社会契約論からヌスバウムのケイパビリティへ

ロールズの正義論

第7章では、第5章で提示した〈かすかなSOSへのアンテナ〉が、具体的には何をキャッチするアンテナなのか、そしてそれが要求する世界はどのようなものなのか、議論をしていく。〈かすかなSOSへのアンテナ〉は、すき間へと追いやられた人が発するシグナルと出会うことである。このスキルを、本章ではプラグマティズムが提示する世界概念のなかに位置づけたい。とくにウィリアム・ジェイムズが提案した多元的世界と根本的経験論は、多様な個別者が拡がり出会う世界を設定した。〈かすかなSOSへのアンテナ〉は、この「出会い」を可能にする構造として位置づけられることになる。このことはどのような世界の全体像を構想して、そのなかでどのような個々の出会いを考えるかという、全体と部分の両面を考えることでもある。この全体的な世界の地平についてはいずれ第Ⅳ部でさらに展開するが、本章ではその予備的な考察として、

〈かすかなSOSへのアンテナ〉との関係を考える。

まず〈かすかなSOSへのアンテナ〉を再確認したい。私が〈かすかなSOSへのアンテナ〉に気がついたのは、若年の妊産婦を長年ケアしてきた助産師ひろえさんの語りを分析しているときだった。

ひろえさん　今ね、ふっと思い出したの、〔昔勤めていた〕芦原病院の場面が。「おかっぱ、呼べ！」とか言って、外来で呼ばれて。産婦人科の外来で、私、奥のほうにいてたと思うんですね。他の仕事してた。〔その子が〕受付に来てさ、名前は覚えてないんやろうね。だから「おかっぱ呼べ！」とか言われて、『おかっぱっていったら私のことやな』と思って、『何怒られるかな』と思ったら、一七の、もうすごいヤンキーの子がおってね。フフ、で、私を呼ぶわけ。〔…〕私のことは「ひろえ」って言わんと「おかっぱ！」って言うんで。でもその子にしたら、『初めて人を呼んだな』っていうような。それまでは一七歳か一六ぐらいで妊娠して来ても、うわーって、もう横向いて、一言もしゃべらんのが、なんか「困ったから来た」っていう感じでね。で、まあそういうつながりが、なんかできていくわけですよ。(1)

この場面では、妊娠した少女がなにかの不満を産婦人科の窓口でぶつけている。不機嫌な少女が、あえて奥に座っていた助産師のひろえさんを呼び出そうとしたところで、ひろえさんはSOSを感じ取る。このSOSは何か体調不良だったのかもしれないし、お金がなくて困っているのかもしれない、あるいはパートナーからの暴力かもしれない。当事者の問題行動や症状、クレームを、SOSとしてキャッチする支援者側の感受性があったときに、問題行動とされていたものはSOSを出す当事者の力として現実化する。もしもキャッチしてくれなかったとしたら、問題行動であるとして咎められてしまったら、ＳＯＳを出す力としては認められることがない。生存や身体の安全、コミュニティを持つこと、などさまざまなニーズ・権利においてこの少女の力を最大化することがケアとなっている。

ロールズの「無知のヴェール」

このように少女のかすかなＳＯＳをキャッチしうるような世界がどのようなものかを考える。環境や資源を奪われていた人の権利や力を回復しうる地平、異なる文化を持ち同じ言葉を理解することができないかもしれない人と共存する地平を確保しておかないと、共有された世界からは排除されるすき間の人と出会うことができない。難しいことを言わず、市民一般、国民全員といっておけばよいと思うかもしれない。外国人というだけで人命をないがしろにする入国管理事務所での死亡事件や、在日コリアンへの執拗なヘイトクライムを見れば分かる通り、まさに「国民」から排除されることで生存までも脅かされる人が日本にはたくさんいる。そして「市民一般」という発想自体が、「市民」とはみなされない多くの人を排除する。(異なる社会的な背景を持つがゆえに) 共通了解を得られない人と出会い、声を聴きあう地平がないと、すでにある排除や差別を解消するということが起きえない。マジョリティがマイノリティに向けて発する「あなたと私は平等」という言葉は差異と差別をなかったことにする。排除が生み出される世界は、裏返すと「均質な市民からなる世界」という幻想を維持するために、絶えず排除を生み出す世界だからだ。

〈排除された人と出会う地平〉は、(市民社会を構想するための出発点として設定された) ホッブズ的な抗争しあう自然状態でもなければ、たとえば現代正義論の巨匠であるロールズが想定した「無知のヴェール」で覆われた匿名の人びととの社会でもない。というのは一見するとホッブズとロールズとでは対照的な前提に立つように見えながら、彼らの想定はともに均質な構成員という多数派の集団を前提とするからだ。「無知のヴェール」は社会契約論の前提となる自然状態（原初状態）にある人間を仮定するものだが、これによると、自分の社会的地位や、社会状況・政治状況について知らないとされる。[2]

〔無知のヴェールのもとにある〕原初状態の当事者たちは平等・対等であると仮定するのが理にかなうだろう。すなわち、諸原理を選択する手続きにおいて、全員が同一の権利を有している。各人は提言を行い、それが受理される理由を提示するなど〔といった権利を持つ〕。〔…〕さらに採択された諸原理がどのようなものであれ、各個人はそれらを理解しそれらに基づいて行為するのに必須の能力〔＝正義の感覚を発揮する能力〕を備えていると見なされる。[3]

引用から明らかなように、無知のヴェールにある原初状態の人物は、平等の権利を持つとされるのだが、そのときに発言権のような社会的な権利を持っていることが前提となっている。このことが問題となる。「提言」を行う力、提言が「受理」されてこない人たちの例は現実にはいくらでもある。すき間とはそのような発言が不可能な場所だ。まさに声を聴かれない人とのあいだでこそ正義は問題になる。つまり無知のヴェールはむしろ排除を前提とした世界を考えることになるのだ。

ヌスバウム――ケイパビリティと出会い

正義の前提条件を「無知のヴェール」においた場合には、すき間に排除される人たちが生じる。アメリカのアリストテレス研究者であり政治哲学者であるマーサ・ヌスバウムはこの点を批判した。無知のヴェールが前提とする均質な人間集団よりももう一歩遡る前提が必要であると彼女は考えた。

〔ロールズを含む社会契約論者において〕自然状態という虚構は、遠い過去の時代を説明したものではなく、想像上の仮説であると明言されているにもかかわらず、現実世界における人間の相互作用のとくに重要ないくつかの特性について、真実を告げる説明だとも考えられている。だがこの叙述は、知的・身体的な力が「正常な人間」と著しく異なる人々を排除している。(4)

『正義のフロンティア』は、社会契約論が前提とする均質な人からなる社会という前提では、権利を主張することができないがゆえに取りこぼされてしまう存在――障害者、外国人、動物――がいるということを明らかにした。現実的に不平等・不公正がある社会を考えるときに、平等な人間を前提として理論構築することは、不平等を温存することになるというのだ。ここではとくに、障害者の社会的包摂について論じた同書の第三章と第四章を中心にとりあげたい。

無知のヴェールによる平等の個人という前提に対してヌスバウムが提案するのは、誰においてもさまざまなケイパビリティをそれぞれ最大化することを社会の理念として置くことで、異質な人との出会いとすき間を作らないことを可能にしようとするものだ。一人ひとりのケイパビリティを最大限引き上げるという視点から社会を考えるときには、出発点が一人ひとりの可能性になるので、集団とそのすき間という構図は生まれない。

ケアについてよく考えることは、ケアを受ける側とケアを提供する側の双方の側から、幅広いケイパビリティについて考えることを意味する。依存者に対する適切なケアとは、それが子ども、高齢者、病人、障碍者であろうと、生命、健康、身体的保全のケイパビリティの支援に焦点を当てるものである。それはまた感覚、想像力、思考に刺激を与える。それは感情上の愛着を支援し、「計り知れない恐怖と不安」を取り除く。実のところ適切なケアは、愛着を構成する貴重な要素である。適切なケアはまた、ケアを受ける人の実践理性及び選択の能力を支援する。場合によっては社会的・政治的な関係性も含めて、ほかの多くの種類の関係性を促す。自尊というきわめて重要な善を保護し、遊んだり理性を楽しんだりする能力を支援する。(5)

ロールズにおいては、能力が平等な人間が相互に協働することが利益を与えるがゆえに、人間が自然状態を脱して「社会」を作る。「利益」のパラメーターが単純でないときには、この「相互に利益がある」ということを示すことが著しく困難になる。このような理論的な倹約の要請ゆえに、ロールズは「所得と富」だけに利益を単純化したとヌスバウムは考えている。(6)

経済的な利潤へと社会的な正義の基準を単純化するがゆえに、ロールズが設定する「無知のヴェール」においては障害を持つことは捨象されて無視される。このとき二つの大きな問題が生じる。一つは障害の希少性ゆえの排除である。社会的なコストという側面から考えたときに障害が障害として問題になるのは、それが少数の人に関わるからだ。誰もチータのように時速一〇〇キロで走ることはできないが、しかし多くの人がスピードを必要としているがゆえに道路が整備されている。時速一〇〇キロで走れないことは障害とはみなされない。ところが車いすを用いないと移動できない人はその希少性ゆえに障害とみなされる。道路整備のコストは問題視されないが、スロープ設置は最近になってようやく認められたコストだ。つまりロールズに従うならば、合理的配慮と私たちが呼ぶものは効率の悪い不合理なものだということになる。ヌスバウムは、このような排除を次のように批判する。

女性だけが妊娠するのは生物学的な事実であるとしても、女性に出産休暇を与えないことが性差別であるのと同様に、損傷のある人びとだけがそうした支援を必要とすることが生物学的な事実であるとしても、彼らの生産性に関してそのような支援を与えないことは彼らに対する差別である。(7)

「無知のヴェール」における、障害者の排除と経済的な基準に基づく協働がもたらす第二の問題は、健常者と障害者のあいだに経済的な相互有利性が成立しないがゆえの排除である。契約論や功利主義が主張する相互有利性が正義の基準であるとすると、マジョリティにとっての利益がないとみなされた障害者へのサポートは切り捨てられることになる。生産性を基準にしたとたんに、障害を負った人はそもそも「社会」の成員としては認められなくなる。

出発点をどう道徳化したところで、自然状態から離れる肝心の理由は、要は相互協働から利得を得ることである。そしてすべての契約の理論家が、その利得をとてもよく知られた経済的な仕方で定義している。そのような協働のイメージは、交渉の初期グループを「正常」な生産能力を有する人びとに限定しなければならないという観念と、密接につながっている。[8]

ロールズの功利主義的社会契約論は経済的な利得にもとづいて相互に協働する社会を描く。生産性を持たない人は構造上社会から排除される。

これに対して、ヌスバウムが提案するケイパビリティ・アプローチでは、ある人のケイパビリティを実現しえたかどうかの結果においてそのつどの社会的協働が正義か否かを判断する。ヌスバウムは、暫定的に「一〇のケイパビリティのリスト」を「尊厳のある人生の中心的な要求事項」とみなす。[9] このリストは、

①生命の保持、
②身体の健康、
③身体の不可侵性、
④感覚・創造力・思考力を用いる自由、
⑤感情（愛情や悲哀）をもちうること、
⑥実践理性、
⑦連帯、

⑧動植物や自然界との共生、
⑨遊び、
⑩自分の環境の政治的あるいは物質的管理、

からなる。[10]

ヌスバウムの補足によると、これら一〇の条件を欠くとすると、尊厳が守られていない。

基本的な観念は、私たちはこれらのひとつひとつのケイパビリティがない人生を想像することによって、そのような人生は人生の尊厳に見合った人生ではないと主張しうる、というものである。[11]ところで、ケイパビリティのリストはすべての人に共通して要求されるものであって、たとえば健常者のためのリストと障害者のためのリストを区別してはいけない。

もし私たちが「健常者」のために、あるケイパビリティのリストを採択し、別のリストを「ダウン症候群の子ども」のために採択するとすれば、両者を異なる種であるかのように扱うことになり、この〔社会的なスティグマ〕という有害な傾向を強めることになるだろう。そこには、「健常者」は個人であり（なぜなら彼らはそのことを知っており、また誰もそれを否定しないからである）、ダウン症候群の子どもは――その類型としての特性によってもっぱら定義された――有意義な個性および多様性のない種類であるという、嘆か

わしい含蓄がある。(12)

健康な者とそうでない者を区別する「異なるリスト」は、「健常者」の権利のリストから外れた人において人権が守られないという帰結をもたらすのだ。そしてリストによる分断の境界線はつねにあいまいで移動するものである。ある日は誰かが排除され、別の日には別の人が排除されうる。そして同じケイパビリティのリストを共有するということは、他者の経験からの触発可能性の地平を共有するということである。それゆえ誰にとっても同じく一〇のケイパビリティそれぞれを最大化することを求めることが社会の方向性であると考えられるのだ。

かすかなSOSへのアンテナとの関係を考えると、一〇のケイパビリティはどのようなポイントで潜在的なSOSが生じるのかの指標、どこでアンテナを働かせるのかの指標ともなっている。個別のさまざまな語られないニーズをキャッチしていくときの目安であり、キャッチしていく姿勢が、全員の尊厳を守る世界の地平を描くことになる。

2　プラグマティズムとしてのすき間の哲学

プラグマティズムとしての民主主義

マーサ・ヌスバウムのケイパビリティをめぐる議論は、哲学史の文脈のなかではプラグマティズムの一つだと言うことができる。

主権在民を主張するルソーの社会契約論において、一人ひとりの人民は、最高権力である一般意志へと各々の力を委譲する。この一般意志を体現するものとして議会が設定される。しかしこのように考えたときには個々の人よりも上位の権力＝主権があることには変わりない。宇野重規は次のように書いている。

ポイントは主権論にあるのかもしれない。たしかに、民主主権から人民主権へというルソーの議論は、目覚ましい展開にみえる。とはいえ、担い手の変更にもかかわらず、社会の内外に対し、一つの優越的な意志が存在するという主権論のロジックには、いささかの変化もない。ある意味で、ルソーは主権論をそのまま継承し、その担い手を君主から人民へと入れ替えただけともいえる。〔…〕

ここで出てくるのが、〈プラグマティズム型〉の民主主義観である。〔…〕プラグマティストたちにとって、理念とは、人間が世界に適応し、世界を変えていくための実際的手段であった。人はある理念を選び、その理念を持つことによってはじめて世界と切り結び、世界を理解することができる。理念は人間と世界をつなぐ媒介なのである。(13)

実はルソー自身は人権としての自由において社会契約の平等性を考えていたので、能力の平等を基準にしたロールズとは異なる。加えてルソーは結社（中間団体）を否定するので、政党が寄り合う間接民主主義を認めることはないが、その点は今は措く。宇野はこの本のなかで、地域で始まるそれぞれの地域の事情に即した活動を行うＮＰＯやソーシャルビジネスを例にとって、ボトムアップでつくられる民主的な社会の構想を提示している。人民を支配する主権をどのように構想するのか、ではなくどのような理念で人びとのコミュニティを作るのか、に視点を変更している。宇野がイメージしている民主的な社会をさらに極端に推し進めたときには、理念上は本書で構想している社会と重なるだろう。私自身西成の子育て支援では、子どもの尊厳を守る子どもの権利条約を理念としながら、多様な実践が連結しコミュニティを作ることを学んだ。ボトムアップで声を拾い上げていく社会であり、かつ、声を出すことができない人の声を探していく社会を私たちは構想しているからだ。もしそうならば、すき間の哲学もまたプラグマティズムの伝統のなかに位置づけられるものとなるだろう。

個別者を維持する経験論

すき間の哲学はとりわけアメリカの哲学者ウィリアム・ジェイムズ（一八四二－一九一〇）との親和性が高いので引用してみたい。ジェイムズは心理学から宗教哲学に移り、さらにプラグマティズムと呼ばれる経験論を提案した人物だ。プラグマティズムによると、ある概念はその概念がもたらす帰結によって定義されると主張する。つまり同じ帰結をもたらすなら、名前の異なる概念に見えても実は同じ一つの概念だ。ジェイムズ流のプラグマティズムとして考えたときに、ヌスバウムのケイパビリティ論そして私たちのすき間の哲学は、三つの特徴を持つ。

まずすき間の哲学は、抽象的な観念から出発するのではなく、多様なヴァリエーションを持つ個別の経験から出発して連続的に社会を考えるという、経験論的な特徴を持つ。ウィリアム・ジェイムズの経験論の特徴は、個別から一般化・抽象化する機能主義ではなく、個別者がそのままネットワークを形成してシステムを作り上げていくことである。そして個別者はつねに複数のネットワークの系列の結節点であり、たとえば

「部屋」の知覚は、部屋を知覚する「意識」が連続的に変化しつながっていく系列と、部屋を包み込む「世界」や「歴史」といった外的拡がりを持つネットワークへと同じように組み込まれる。

実際、経験とはそこから引かれるまったく異なった線に沿って、多様な過程の成員となるものである。同一のひとつのものが経験の他の部分と非常に多くの関係をもちうるため、われわれはそれをまったく別の結びつきのシステムの成員と考え、正反対の文脈に属するものとして扱うことができる。〔…〕一方の過程とは〔意識野の連続としての〕読者の個人的な歴史であり、もう一方の過程とはその家を部分とする家の歴史である。(14)

一つの線は複数の線の結節点であり、同時に分かれ目なのだ。本書の議論は、自分自身の経験、そしてすき間にいるであろう人たちの経験から出発し、その経験と環境の構造を合わせて議論していく。しかし本書は、ヒュームやパースのように帰納法的に個物のなかに一般概念を求めようとするのではない。ウィリアム・ジェイムズとともに個別の経験（および出来事を支える環境）をそのまま個別の経験として保存しつつ、他の個別と連結するプロセスを概念化しようとする方向付けを持つ。ジェイムズが「根本的経験論」と呼んだ、経験の連続的な推移あるいは非連続的な跳躍を追う思考法の延長線上にある。

帰結において概念を考える

プラグマティズムは概念をその概念が生み出す効果・帰結から考える。パースが執筆した次のテキストがプラグマティズムの出発点を記している。

我々が持つ概念の対象は何らかの効果を及ぼすと、我々が考えているとして、もしその効果が行動に対しても実際に影響を及ぼしうると想定されるなら、それはいかなる効果であると考えられるか、しかと吟味せよ。この吟味によって得られる、こうした効果について我々が持つ概念こそ、当の対象について我々が持つ概念のすべてをなしている。(15)

一見異なる概念や理論が、しかしそれがもたらす効果において区別できなかったら、それらは実は同一のものであるとプラグマティズムは考える。帰結が異なったときに初めて新たな概念は効力を持つ。逆に言うと、概念はその言葉上の操作によってではなく、人間の経験に対してどのような効果をもたらしうるのかに応じて判断されるというのである。ヌスバウムの議論そして私たちの議論もまた、概念が現実社会において持つ効果によって成否が図られる性質のものである（社会契約論の場合は、契約以前の自然状態も、契約という出来事も、一般意志という帰結も現実社会のなかには実在しない）。ヌスバウムの場合は、社会契約論的なロールズの正義論においては障害者や外国人といった人たちの生存と尊厳が保証されない、という批判を出発点とした。彼女は社会契約論とは異なる〈効果を持ちうる概念〉として一〇のケイパビリティを主張した。私たちの議論もまた、非人称的な制度で作られ競争主義的である社会に抗しつつ、〈かすかなSOSへのアンテナ〉や第Ⅲ部で提示する〈社会的開放性〉という概念を現実への効果を持つ概念として用いながら、すき間を見出す活動、あるいはすき間を作らない社会の構想を試みる。

整理しよう。プラグマティズムは、それぞれ異なる個別の経験を保存しつつ接続し、ネットワークを作っていく。個の連結が問われるので、そこでは権利上はマジョリティとマイノリティの差別化が存在しない。あらゆる経験と接続が生まれ尊重される。無関係なものとして切り捨てられることはない。そして経験は本質的に多様なものであり、自分が経験したネットワークの外に異種の経験がある。私が出会っていない障害や排除の経験が必ずあり、私たちが知らない（あるいは私が知らずのうちにその人への加害の位置に立ってしまっている）弱くされた人の経験へと私は接している。

そして『すき間の哲学』が提案する概念を実現した結果は、他の社会の理論とは異なる帰結、異なる社会構造を生み出すはずである。つまり非人称的な規範によって秩序を保つのではない秩序をうみだすはずだ。

多元論と開放性

本書の議論がウィリアム・ジェイムズ流のプラグマティズムと根本的経験論と親和性が高いのならば、私たちの議論は多元論でもある。社会的包摂ではなく、際限なく異質なものへと拡がっていく社会的多元性を本書は提案する。

プラグマティズムの原理に則って解釈すると、多元論、すなわち宇宙が多であるという思想は、実在のさまざまな部分が外的に関係し合っている可能性があるということである。多元論の観点からいえば、人が思考する一切のものは、それがいかに広大で包括的なものであろうとも、そのさらに外部に、何らかの、また何程かの、純粋に「外的」なものをもっていることになる。事物はさまざまな仕方で互いに「と共に」

というあり方をしているが、そのどれもが一切を含んだり、一切を支配したりすることはない(16)。

異質な人と出会い、関係を結ぶことで世界が拡がっていくイメージをジェイムズは提案している。ヌスバウムにおいては、障害者、外国人、動物、性差といった還元することができない差異をはらんだ人たちが共存していく社会的正義が課題だった。言語や信条が異なる場合でも相手の尊厳を損なうことなく共存するためにはどのような原理が必要なのか、という視点から一〇のケイパビリティを尊重するという主張は構想されている。すき間の哲学において、すき間はまさにマジョリティを想定した制度から外れているがゆえにすき間へと見えなくなっている人たちのことであり、すき間にいる人はカテゴリーに包摂することができない偶然の多様性こそが定義の一つとなりうる。ヌスバウムに戻ると、多様なケイパビリティを持つ人はそれぞれに異なる「世界」を持っているのであり、この世界が唯一の世界の構造に還元されることは直観的にも不可能である。

そしてこの多元性ゆえに「経験の共有」（デューイ）という視点が重要になる。多様であるが連結可能であること、障害を持った人の経験は自分の経験になるかもしれないし、自分の家族の経験だったかもしれないということ、私達の可能性において経験を共有するこの多様なものの連続性が必要である。

さらに、連結可能であるということは、自分の知らない外部の経験がつねにあるという事実と裏表の関係にある。実はそもそも「包摂」することが不可能な多様な経験、多様な世界がつねに拡がっている。そしてこの拡がりへ向けて接続していくことができる。そしてそれが私自身の可能性でもある。これがプラグマティズムの多元論が教えてくれることだ。社会的「包摂」ではなく、つねに外部へと開かれる社会的多元性へと向かうことになる[17]。この多元性と開放性を「社会的開放性」と呼んで第Ⅳ部で議論していきたい。

3　ケイパビリティとかすかなＳＯＳへのアンテナ

ヌスバウムの一〇のケイパビリティ

本書で提案する〈かすかなＳＯＳへのアンテナ〉では、生き延びる人が潜在的にＳＯＳを出す力と、ＳＯＳへのアンテナが対になる。これはヌスバウムのケイパビリティ概念をアイディアの源泉としている[18]。ジョン・ロールズの『正義論』の功利主義的・契約論的側面を批判したヌスバウムは障害者、外国人、動物の権利・可能性から出発する正義論を構想すべきだと主張した。議論を少し復習してみたい。

私のケイパビリティ・アプローチにある基本的で直観的な観念は、人間の尊厳の構想と、その尊厳に見合った人生、つまりマルクスが一八四四年に『経済哲学草稿』において詳述した意味での「真に人間的な機能」がある人生の構想とから、私たちは出発すべきであるというものである[19]。

ヌスバウムは、器質的な障害（インペアメント）を持っていたとしても、その人がサポートによって実現可能な可能性を実現する努力を社会がすべきであるという。つまり本人の可能性＝力と社会の努力の組み合わせで成り立つのがケイパビリティ概念である。

〈かすかなＳＯＳへのアンテナ〉は、ヌスバウムが提案した一〇のケイパビリティの作動を可能にするスイッチである。ヌスバウムの場合はマイノリティの人や動物までも含めた社会制度の改革や正義を議論する道具としてケイパビリティ概念を導入した。とりわけ、正義を実現するために必要なケアの条件を示した。しかしハンディキャップを負った個々の人においてケイパビリティが発見され発揮される現実化のしくみは、ケイパビリティを認識するだけでは足りない。一つにはおそらくヌスバウムの議論の照準は福祉制度の整備にあるのだと思われるが、実際の具体化はそれを実行する現場のそのつどの実践にある。具体的なニーズと力をキャッチする場面で、〈かすかなSOSへのアンテナ〉が効いてくる。

すき間へと追いやられた人は、自らが困難を持っていると気が付いていない場合も多いから、困窮に由来するサインがあったとしても、支援者へ向けて能動的に発するSOSになるとは限らない。つまりケイパビリティが本人の可能性として発揮されるためには、(弱さを抱え込んだ)当事者のなかに力を発揮する可能性があることと、現実と格闘する過程で生じたシグナルをSOSとしてキャッチする周囲の人のアンテナとが必要になる。潜在的なSOSであるシグナルを出す力、サインをSOSとして理解する力の双方が必要だ。この当事者の力と支援者の感受性・翻訳力を合わせて私たちはかすかなSOSへのアンテナと呼んでいる。

ヌスバウムの一〇のケイパビリティ概念は、SOSへのアンテナが具体的にどのような場面で働くのかを示してくれる。ケイパビリティは、潜在的なSOSを出す力とSOSをキャッチするアンテナの双方が出会ったときにSOSが支援へと実現化する事態を説明したものである。困難に陥った人が他の人たちに向けて何かのサインを出す力と、支援者が当事者の徴候を捉えて声をかける力とが組み合わさった状態である。つまりSOSのサインを出してキャッチする双方の力である。

トラウマ・インフォームド・ケアとかすかなＳＯＳへのアンテナ

トラウマ・インフォームド・ケアはアメリカの精神科医サンドラ・ブルームらが提唱した心的外傷をめぐる公衆衛生的な教育プログラムである[20]。トラウマの心理療法ではなく、たとえば学校に通う子どもたちのだす問題行動がトラウマの影響によるのではないかという視点を導入しながら、子どもたちに接するという教師などの支援者向けの教育プログラムだ。トラウマの影響の可能性があるということに気づかなかったとしたら、教師は窃盗をした子どもや暴力的な子どもを叱るだけだろう。このような場面で、問題を起こした子どもが家庭でなにかのトラウマを受けている可能性がある思いが至ったとしたら対応は大きく変わる。そのような意識付けを学校のスタッフ全員、施設のスタッフ全員が共有することをめざすプログラムがトラウマ・インフォームド・ケアだ（なぜスタッフ全員であることが大事かと言うと、一人でも子どものＳＯＳを見逃し叱りつけたとしたら、その人の言動によって子どもは二次的な外傷を被り、信頼は失われるからだ。また誰かが気づいたときに、スタッフで共有することが大事だ。専門的な支援を別の場所にリファーしやすくするためにも、全員が状況をシェアするのが望ましい）。

かすかなＳＯＳへのアンテナはトラウマ・インフォームド・ケアと類似性があるのだが、もう少し広い概念である。トラウマ・インフォームド・ケアは「トラウマのめがね」で事象を見る。トラウマのサインはたしかにＳＯＳの一つだ。しかし潜在的なＳＯＳは心理的なトラウマへの反応とは限らない。外傷的な状況でなかったとしても、苦境のなかで明確にＳＯＳを出すことができずに苦悩している人は少なくない。かすかなＳＯＳへのアンテナの一つとして「トラウマのめがね」があるが、ＳＯＳのすべてがトラウマに由来するわけではないし、すべてをトラウマ化、心理学化することがラベリングになりスティグマとなるリスクがある（その人自身の人格と生活は、外傷体験に還元されないもっと広いものだからだ。たとえばヤングケアラーの子どもがいたとして、その子の苦労はたしかにサポートを受けるべき困難だが、同時に家族を心配しケアすることはその子どもにとってポジティブな意味を持つことも多い）。

トラウマ・インフォームド・ケア自体は公衆衛生的に全員を満遍なく包摂する実践である。しかしトラウマ、という視点を取るがゆえに発見されたSOSは行動化や過覚醒といった心理学的な「症状」として扱われて、トラウマへの応急処置としての二次予防、そしてトラウマ治療・回復プログラムとしての三次予防へと積み重なる。しかし、SOSがトラウマに限られたものでないとしたら、対応策の道筋はもっと多様なものになろう。

私の周囲でいうと、重度のネグレクトとして役所が見守りをしていた（つまり具体的な支援はしていなかった）母子家庭を思い出す。窮状に気づいた地域の支援者が住宅を準備して衣食住の支援に入ったところ、生活状況が大きく変化した。とくに子どもの身なりや健康状態、そして就学状況が劇的に変化した。この家庭の場合、とりたててトラウマと言えるイベントがあったわけではないのだが、母親の障害ゆえに金銭の管理が困難で、かつ子育ての仕方がわからないことが困難を助長したようだ。地域にある複数の施設が継続的に支援に入ることで、子どもの生活と就学が守られることになった。もしネグレクトによる子どもへの心理的外傷に焦点化していたら結果は異なっただろう。

その母親にインタビューして生活史をとってみると、たしかに高校卒業以降さまざまな苦労を重ねてはいるが、それはトラウマではなく借金と金銭トラブルを中心とした生活上の困難の累積であり、むしろ、事態の困難さを母親自身が自覚していないことが、子どもをめぐる状況を深刻にしていた。たまたまこども食堂で子どもの姿を目撃した支援者が、親子の身なりをＳＯＳとしてキャッチしたことで変化が始まる。つまり季節外れの乱れた着衣というようなしかたで〈かくれたＳＯＳ〉は発せられていたのだが、心理学的にラベリングをしたとしても本筋を外す。

もしかして心理的な困難があったとしても、まず必要なのが生活のためのサポートだったとすると、トラウマ・インフォームド・ケアのアイディアを拡張して考えたほうがよいのではないだろうか。そしてこのとき切り口になるのが、ヌスバウムが考えたような多様なケイパビリティではないかと思われる。子どもが衣食を欠いていたのは事実であり、なかなか学校に通えなくなっていたので就学機会や友だちと遊ぶ機会を失っていた。周囲が生活のサポートに入ったことで初めて継続的な登校が可能になった。大事なことはなにか困りごとがあるというサインをキャッチすること、困りごとに応じたサポートが見つかることだろう。言い換えるとかすかなＳＯＳへのアンテナはすき間を見つけるための具体的な構えのことなのだ。

注

（１）拙著、『子どもたちがつくる町』、前掲書、二〇六－二〇七頁。『子どもたちがつくる町』では、「かすかなＳＯＳへのアンテナ」のことを「ＳＯＳのケイパビリティ」と呼んでいた。
（２）ジョン・ロールズ、『正義論　改訂版』、川本隆史、福間聡、神島裕子訳、紀伊國屋書店、二〇一〇、一八五頁。
（３）同書二七頁。
（４）ヌスバウム、『正義のフロンティア』、前掲書、三六頁。
（５）同書一九四－一九五頁、「可能力」を「ケイパビリティ」に替えた。

(6) 同書一二六頁。
(7) 同書一三三頁。
(8) 同書一三九頁。
(9) 同書八八頁。
(10) 同書九〇－九二頁。
(11) 同書九二頁。
(12) 同書二二一頁。
(13) 宇野重規、『民主主義のつくり方』、筑摩選書、二〇一三、一六－二〇頁。
(14) ウィリアム・ジェイムズ、『純粋経験の哲学』、伊藤邦武訳、岩波文庫、二〇〇四、二〇－二一頁。
(15) パース／ジェイムズ「プラグマティズム」〔ボールドウィン編『哲学・心理学事典』項目〕チャールズ・サンダース・パース、ウィリアム・ジェイムズ、ジョン・デューイ『プラグマティズム古典集成』、植木豊訳、作品社、二〇一四、五五－五六頁。
(16) 同書二一三頁。
(17) このような多元的な世界像は私たちの方法論にも由来する。現象学的な質的研究は当事者や支援者を個別のスタイルと文脈とともに構造的に描き出す。このときも私のものではない他者の経験の構造へと接続することになる。そして接続が可能になるのは経験の可能性の地平を共有しているからだ。私が経験することはないであろう当事者や支援者の経験を私も自分の可能性として感じうるのだ。
(18) それゆえ拙著『子どもたちがつくる町』では「SOSのケイパビリティ」と呼んでいた。
(19) ヌスバウム、『正義のフロンティア』、前掲書、八八－八九頁。

(20) 野坂祐子、『トラウマ・インフォームド・ケア』、日本評論社、二〇一九。

第Ⅲ部　すき間からの声——当事者の声と空間

第8章　当事者の声と空間の闘争

1　権力勾配を回避することの難しさ

すき間と声の喪失

第Ⅱ部ではすき間へと追い込まれた人を探索し、出会うというテーマで論じてきた。第Ⅲ部では、すき間に追いやられた当事者を主語にして考えていく。ＳＯＳを出すことができないことが出発点ではあるのだが、しかし当事者は何かのシグナルは出している。それが〈かすかなＳＯＳ〉という言い回しに込めたニュアンスだ。

支援者がすき間を見つけた段階では、出会った人が現実的にハンディキャップを負った位置に置かれている人がいることは変わりがない。支援する側と支援される側、自分自身は安全な場所にいる探す側とすき間に追いやられた人とのあいだに成立するパターナリズムは、つねに権力勾配として残り続けている。すき間へと追いやられた人たちの声、動き、力を軸として考えるとどうなるか。

宮地尚子が環状島の内海というメタファーで雄弁に語った通り、傷つき、生存ぎりぎりの状況へと追い込まれた人、あるいは死を待つ人は語りだすことも浮上することもできないだろう。プリーモ・レーヴィもまた、極限に追いやられすき間にいる人は言葉を持たないと書き残した。もちろん沈黙したまま亡くなっている人もいるだろう。つまり議論の出発点に置かれるのは、すき間のなかから声が上がらない状態である。

しかし疎外された環境のなかに暮らす人たちは、自らの状況や感情を語る言葉を奪われていたとしても、たとえば無秩序な粗暴な身振りや自傷行為といった行動化によって苦境が表現されるということもある。この行動化自体は無秩序で意味を解読できないものかもしれない。しかし本人の意図はともあれ（本人は意図せずに乱暴してしまうのだとしても）、マジョリティの規範・秩序をかき乱すしかたで発せられるSOSである。つまり秩序を持たないノイズとして、規範で秩序付けられた空間のなかに裂け目を入れるのだ。あるいはかすかなSOSすら出すこともなく沈黙しながらサバイブし続ける人たちもいるだろう。第Ⅱ部末尾で紹介したトラウマ・インフォームド・ケアという援助の思想は、かすかなSOSへとマジョリティ社会の成員全員が耳をそばだて感度を上げることを主張したものだとも言える。

当事者の視点、当事者の声

かすかなSOSの次の段階として、排除されてきた人自身が、自らの生存場所を作り、意識的に社会を組み替えていこうとする運動がある。見えなくなっている人をマジョリティが見つけるのではなく、当事者が自分自身で語りだし生存権を求める運動がある。古くはアメリカ黒人の公民権運動が代表的なものだろう（黒人奴隷は、人数は多くても権利から排除され、人とみなされず見えない存在にされてきた）。

「当事者」についてはさまざまな定義がありえる。もともとは二〇〇三年に出版された中西正司と上野千鶴子『当事者主権』や同じ頃に始まった浦河べてるの家の当事者研究で知られるようになった。[1]つまり身体障害者の自立生活運動から始まり、精神障害者のピアグループでの当事者研究で自らの表現を獲得する動きと結びついている。石原真衣は「当事者とは罪悪感に取り囲まれた人びとである」と定義し、[2]私自身は「欲望を抑えつけられている人」ではないかと考えてきた。本書では「自らが抱える困難について語る言葉を持たなかった人、言葉を奪われた人が語りだすそのときに、その人は「当事者」となる」と仮の定義をしてみよう。と同時に「すき間に追いやられている人とは、自ら声を上げることができない人のことである」という定義も、今までの議論から成り立つ。この二つは容易には相容れないものである。そして「当事者が上げる声はしばしば問題行動や理不尽な怒りとみなされて無視されていく」という側面もあり、トラウマ・インフォームド・ケアはマジョリティの組織全体でこのようなすき間の声に敏感になっていくという主張をした。これらの相容れない事象を調和していくことが求められている。

誰も取り残されないごちゃまぜの世界をめざすとしても、現実的な差別や制度の壁を考えたときには理想論にしか聞こえないであろうというのも事実である。しかしもし仮に理想論に過ぎなかったとしても、論理の上で道筋をつけておくことにも意味はあるだろう。

空間の闘争

さて、欧米からの影響を受けながら始まったとしても、日本の当事者主権の運動にしぼって見ていくといくつか興味深い特徴がある。

まず大枠としては闘争的な〈運動〉から始まる。差別され抑圧された人たち、あるいは排除され隔離された人たちが自らの人権を回復するために声を上げる。古くは一九二二年に結成された水平社に始まる部落解放運動があり、あるいは青鞜に始まる女性解放運動も女性自身による権利回復のための運動だ。ハンセン病当事者の運動、在日コリアンたちの運動、公害被害者の運動や裁判さらに沖縄、アイヌ、在日コリアンの人たちの運動が起こり、相互に連携していくのが日本の近代史の一側面でもある。これらの運動はマイノリティによる異議申し立てだった。

権利のための闘争は、一旦権利が確認されたとしてもそれで終わるものではない。黒川みどりが『近代部落史』で被差別部落について整理したように、継続的な反差別の運動によって裏打ちされることになる[3]。それゆえに障害当事者の運動を牽引してきた横田弘は青い芝の会の綱領で「われらは、問題解決の路を選ばない」と宣言した。マイノリティの権利は絶えず脅かされるものであり、継続的に権利を確認し、権利を侵害する動きに対して顔が見える社会の水準で対抗していかないと生存が危ぶまれるからである。青い芝の会が裁判という戦術を取らなかったことはこの点で興味深い[4]。マイノリティからの権利要求の裁判あるいは公害の国家賠償の裁判はしばしば不当な判決によって、権利確保の道を塞ぐ結果となってきた。青い芝の会のメンバーは、該当でビラを配り、自治体やバス会社といった社会のさまざまな場面で継続的にアクターとの交渉を続けたのである。

二一世紀に入っても在特会による在日コリアンに対する差別であったり、ウトロの放火事件であったり、与党国会議員によるアイヌ差別発言であったり、ヘイトクライムが執拗に続いている現状のなかで、そして国家による差別禁止の動きが弱い以上、差別に抗する運動や発言の継続が重要であることは明らかだ。

マジョリティの世界のなかにマイノリティとして住む

世界人権宣言や子どもの権利条約で謳われているとおり、人権とは、安全と自由を確保し、住みたい場所に暮らし、差別されることなく願望を実現できる環境を持ち、自由に意思を表現する権利のなかに端的に表現される。とくに差別がハンセン病や障害者のような施設への隔離や、被差別部落のように特定の居住区の形成という形を取ることが多かった近代日本では、居住と生活の自由は際立って意味を持ってくる。それゆえ障害者の運動は、地域社会のなかで独居を可能にする基盤を要求する運動となる場合が少なくなかった。脳性まひ者を中心とした障害当事者による自立生活運動は、ボランティアを組織し、後には職業的な介護士を自ら育成することで、家族介護に頼らずに生活する環境を整えていった。有名な例の一つは、大泉洋の主演で映画化もされた渡辺一史の『こんな夜更けにバナナかよ――筋ジス・鹿野靖明とボランティアたち』であろう(5)。鹿野とボランティアたちが、ときに衝突しながらも対等の関係で地域での生活を作り上げていく様子が生き生きと描かれていた。ＡＬＳの患者である橋本操が、自らヘルパーを育成し、重度訪問介護を担う介護事務所を経営しながら雇用した「さくら会モデル」と呼ばれる方法も、この延長線上に生まれた動きである(6)。

生存可能な環境を作り出す動きが、管理された施設ではなく地域のなかで当事者主導で進められたときに、居場所となる場所も地域のなかで作られることになる。たとえば浦河べてるの家が居場所として機能しているのは、浦河町のなかで作業所、デイケア、デイサービスを営み、グループホームやアパートで暮らし、サポートし合う仕組みが存在するからである。これらの生活の場を作り出す動きは、マジョリティに便利なようにしつらえられた社会空間のなかに、マイノリティが声を上げるとともに、自らの生存を確保する場を自らの手で社会のなかに生み出す動きでもある。

以下では、すき間に置かれた人が自ら声を上げていく事態を、空間の問題として考えていきたい。なぜ空間を切り口とするのかというと、そもそもすき間とその探究と歩行の線といった本書の考察自体が空間論だったからだ。『すき間の哲学』は、三次元的な客観空間とは異なる生存空間、人間の生存が含意する質的空間を論じる書物でもある。第Ⅱ部で考察したすき間を探究する支援者の方向性と、第Ⅲ部の主題であるすき間から声を上げてマジョリティの空間のなかで当事者が位置を占める運動という二方向の質的空間の議論になっている。

2　横田弘と自立生活運動

運動と空間のゆらぎ

第Ⅱ部まではマジョリティの世界のなかで不可視化されている人たちとどのように出会いうるのかがテーマだった。すき間という言葉は、人知れず困難に陥っている人を探索し出会うための運動を描くメタファーだ。第Ⅲ部では、排除され不可視化されていた人たちが、どのようにマジョリティの均質な世界のなかに現れ、存在を主張し、生存の権利を主張するかを考えようとしている。社会の成員全員が自分の生の主体的なアクターである。すべての人の欲望は（他の人を傷つけない限り）尊重されるべきであり、全員が最善の選択をしているという視点に立ったときにどのように社会が作られるかという問いかけでもある。

川崎バス闘争

一九七六年一二月一二日川崎市溝ノ口駅で起きた東急バスへの脳性まひ者の乗車拒否をきっかけとして、身体障害者のバス乗車の権利を巡る大規模な闘争が起きた。当時神奈川県では路線バスへの車いす乗車は認められていなかったのだが、運転手の裁量によって黙認されていた。そのような状況のなかで起きた乗車拒否だった。青い芝の会神奈川県連合会は、乗車拒否によって回送車になったバスのなかにそのまま泊まり込む、集団で乗り込もうとする、といった抗議行動をとり、さらには運輸省・自治体・交通系の労働組合といった団体への働きかけを行っていく。居住空間のなかでの移動というもっぱら空間的な舞台において川崎バス闘争は行われたのだった。横田弘はこう書き残している。

勿論、根源的に言えば、私たち車イス使用者を自分たちの仲間と捉えることのできない健常者、特に労働者と呼ばれる人びとの姿勢に大きな問題はあるし、それを利用して障害者差別、分断を図っていくあらゆる権力を許すことはできない。〔…〕私たち脳性マヒ者がもし幻想にもせよ健全者との共生を言うならば、健全者側の思考とは別にわたしたちの側からも共生の位置づけを働きかけていかなければならないのではないだろうか。(7)

横田は、乗車拒否が単にバス運転手や市民個人による差別であるとは考えず、多くの障害者を「コロニー」に収容する政策を進めた国家権力の力が働いていると考えている。(8) 経済活動を優先して国家が進めた隔離するコロニーという空間配置こそが、地域での交通機関での移動を不可能にするような空間状況と連動している。それゆえにバス闘争は、隔離され見えないところに追いやられてきた障害者たちが、マジョリティの空間のなかで基本的な人権を主張するという構図を取っていたのだ。

さらにいうと、「共生」という単語を、現在一般に使われている「マジョリティ側がマイノリティと共生する」という意味ではなく、マイノリティ側がマジョリティ世界でサバイブし、権利回復していく運動として捉えていることも注目したい。マジョリティが「共生」という言葉を使うときには、しばしばマイノリティに同化や譲歩を求める。マジョリティ側が何か損失を被ることは想定していない。このような現在流通している共生概念とは真っ向から対立するのが、横田の「共生」だ。いずれにせよあくまで当事者の側が主導権を取る動きなのだ。

第Ⅰ部で論じたように、資本主義の論理のなかで、労働力になりえない人たちを隔離収容する政策を日本は推し進めたのだった。国家の論理が、障害者の生活権を脅かしてきたのであり、（国家が強いる有用性の論理に順応した）労働者・市民からの差別と排除という姿を取るのである。

ノイズを出す

生活への権利要求は、しかし国家による隔離収容への抗議だけだったわけではない。実際には親とくに母親との共依存関係のなかで、親が障害者本人を家のなかに閉じ込める家族制度に対する反発だった。つまり第Ⅰ部で論じたように国家・社会・家族という多層にわたって監禁、排除と隔離という不可視化する力が働いたのである。

自らも障害者介護に従事するとともに、横田弘とも親交があり、障害者運動について当時の資料を詳細に調査した荒井裕樹は、療養所への隔離から患者運動を行った結核患者が左翼運動と結びついて当初から国家を相手に闘ったのに対し、在宅の人が多かった脳性まひ者の場合は「自身の〝生き難さ〟の元凶として、「親」というミクロな私的権力との対抗姿勢を打ち出した」と書く(9)。そのあと親元という「家」から離れて地域「社会」で暮らす自立生活運動に続けて、社会全体への働きかけが連続的に展開したのだったが、反抗ではなく抗議と交渉によって社会のなかで場所を確保するという空間的な動きが主となった。

もちろん社会のなかで生存権が脅かされることの背景には、戦後の高度経済成長を、核家族化と専業主婦制度（主婦に無償でケア労働を押し付ける制度）による男性労働力の確保で乗り切ろうとした国家の意志がある。信田さよ子の書名にあるように「家族と国家は共謀する」のだから、社会から国家へと問題は通底しているだろう。第Ⅰ部で排除について論じたように、家、社会、国家のそれぞれの力動がからみ合っている。

青い芝の会神奈川県連合会の横田弘が起草した行動綱領は以下のものであった。

われらかく行動する

一、われらは、自らがCP者であることを自覚する

一、われらは、強烈な自己主張を行なう

一、われらは、愛と正義を否定する

一、われらは、問題解決の路を選ばない(10)

社会から見えないように施設に隔離されるか家のなかに閉じ込められてきた障害者たちが、差別と排除の

状況を「自覚」し、社会のなかでの生存権を「自己主張」するときに、「問題解決」という名のもとでの安易な体制との妥協は実際には解決をもたらさない。横田たちはつねに社会へ向けてノイズを発し続けることを選んだ。このとき、社会の安定という体の良い「正義」と、当事者を家のなかに束縛し当事者の欲望を否認する家族の「愛」は否定されることになる。

親による障害児殺人に際して横田弘は次のように問う。


また、一人、障害児が殺された。

歩けないということだけで。

手が動かないというだけで。

たったそれだけの理由で「福祉体制」のなかで、地域の人びとの氷矢のような視線のなかで、その子は殺されていった。〔…〕

何故、障害者児は殺されなければならないのだろう。

なぜ、障害者児は人里離れた施設で生涯を送らなければならないのだろう。

何故、障害者児は街で活きてはいけないのだろう。

ナゼ、私が生きてはいけないのだろう。

社会の人びとは障害者児の存在がそれ程邪魔なのだろうか(11)。


横田弘、横塚晃一をはじめとする日本脳性マヒ者協会「青い芝の会」神奈川県連合会は、障害者の殺人を

「介護する母親がかわいそう」と容認することで障害を持つ子どもの権利を考えない優生主義的な社会に対して運動を起こした（もちろん背景には無償のケア労働を専業主婦に押し付ける戦後日本の家父長的資本主義がある）。出発点は、遡って一九七〇年五月に起きた横浜での障害児殺しにおいて起きた、母親への減刑嘆願運動に抗議する運動だった。この横田の文章でも、「地域の人びとの氷矢のような視線」あるいは「障害者児は街で活きてはいけないのだろう」という空間のなかでの生存の可否が問題となっている。

『さようならＣＰ』というドキュメンタリー映画がある（原一男監督、一九七二）。横田弘や横塚晃一といった脳性まひ当事者が牽引した運動を荒い八ミリカメラで撮った原一男の処女作だ。そのなかでも街頭でビラを撒く映像が残っている。横田が執筆した最初の情宣のビラにはこうある。

私達「障害者」も生きています。いや、生きたいのです。
事実、数多くの仲間達は苦しい生活のなかを懸命に生き抜いています。
そして、その生き方の「幸」「不幸」は、およそ他人の言及すべき性質のものではない筈です。まして「不良な子孫」と言う名で体内から抹殺し、しかもそれに「障害者の幸せ」なる大義名分を付ける健常者のエゴイズムは断じて許されないのです。(12)

障害者はかわいそうだから生まれない方がよいという優生思想に対してのプロテストとして、横田は生存権のみならず、「幸せ」は当事者が本人で判断することであって他人がとやかくいうべきものではないという自己決定権を主張している。

「「不良な子孫」と言う名で体内から抹殺」することが「障害者の幸せ」だと考えられていると横田は主張する。現在でも新型出生前診断で障害が見つかった胎児の九〇%が人工妊娠中絶をされていることを考えると、障害を持った子どもを育てることが困難だと多くの人は考えているのであり、状況は一九七〇年当時と変化がないだろう。

もう少し当時のビラを引用する。

重症児は抹殺される

〔…〕裁判の進行状況をみるとき、私達のねがいや、期待とはうらはらに、高度成長のみを至上とし、人びとの生命や意識まで管理しようとする国家権力の手で、現代社会が必要とする生産性能力を持たない重度障害者を「施設もなく、家庭に対する療育指導もない、生存権を社会から否定されている障害児を殺すのは、やむを得ざる成り行きである」とする一部の親たちの意見を利用して抹殺しようとする方向にむかっているのです。

私達が生きる自由を

私たちは生きたいのです。

人間として生きる事を認めてほしいのです。

ただ、それだけなのです。

もし、今度の裁判で「止むを得ざる事実」とし重症児殺しを容認する判決がくだされるとしたら、全国の重度障害児（者）達は明日、いや、たった今から生命を脅かされ続けなくてはならないのです。
これでいいのでしょうか？

私達は叫びます。
重度障害児（者）も人間です。
重度障害児（者）も生きているのです。自由に生きられるのです。[13]

かつてから家のなかに束縛されるか、もしくは戦後は大規模な施設へと収容され自由を奪われてきた障害者たちが、生活の自由を求めていった自立生活運動は、障害児殺しの裁判にあたって生活権だけでなくそもそも生存権を賭けた空間の闘争へと変化していった。排除されすき間へと追いやられて来た人たちがマジョリティが占める空間に位置を持つことを主張する闘争である。

横田弘とともに青い芝の会神奈川県連合会を牽引した横塚晃一は一九七〇年にこう書き残している。

普通、子供が殺された場合その子供に同情が集まるのが常である。それはその殺された子供の中に自分を見るから、つまり自分が殺されたら大変だからなのである。しかし今回私が会った多くの人の中で、殺された重症児をかわいそうだと言った人は一人もいなかった。これを一口に障害者（児）に対する差別意識といってよいものかどうか、そう簡単には片付けられないものがあるように思う。これを説明するのに私は適当な言葉を知らないが、差別意識というようななまやさしいもので片付けられない何かを感じたの

である。(14)

「差別意識というようななまやさしいもので片付けられない」、つまり生存そのものを抹消することが正当化されることは、生きているなかでの差別とは質を異にする。優生思想が孕む生存の否定を彼らは感じ取るのである。この点は、現在の安楽死や出生前診断を巡る議論へとエコーが響いているだろう。

路上でのビラ配り、パフォーマンス、行政への陳情（優生保護法改正阻止闘争）を行った青い芝の会の運動は前述のように裁判闘争は行わなかった。つまり権力が作り出した法の仕組みの土俵の上ではなく、街のなかでゲリラ的に活動し、役所に乗り込んだのだった。このことはさまざまな解釈が可能である。つまり問題解決をめざさないという行動綱領に忠実だと言えるだろう。空間論的には、法廷という権力によって閉じ込められた場所ではなく広く生活空間・社会空間のなかに入り込んで存在を主張していくという方法を取ったということができる。彼らの活動は、マジョリティの空間への闖入であるため、ノイズをもたらす波紋であり、隠されていたすき間を露出する動きである。抑圧や排除によって平穏が保たれていた空間のなかでノイジーでありつづけ、生存拠点を作り出すことが、青い芝の会による自立生活運動の空間性だろう。

注

（1）中西正司、上野千鶴子、『当事者主権』、岩波新書、二〇〇三、浦河べてるの家、『べてるの家の「当事者研究」』、医学書院、二〇〇五。

（2）石原真衣編、『記号化する先住民・女性・子ども』、青土社、二〇二二。

(3) 黒川みどり、『増補　近代部落史』、前掲書。
(4) 荒井裕樹、『差別されてる自覚はあるか――横田弘と青い芝の会「行動綱領」』、現代書館、二〇一七、一三八頁。
(5) 渡辺一史、『こんな夜更けにバナナかよ――筋ジス・鹿野靖明とボランティアたち』、文春文庫、二〇一三。
(6) 「さくら会、ALS／MNDサポートセンター」http://sakura-kai.net/pon/(二〇二三年二月二二日閲覧)。
(7) 横田弘、『障害者殺しの思想　増補新装版』、現代書館、二〇一五、一四二‐一四三頁。
(8) 「コロニー」という名称は、一九七〇年に大阪で作られた知的障害者のための施設である金剛コロニーを始めとして当時使われていた。
(9) 荒井裕樹、『障害と文学――「しののめ」から「青い芝の会」へ』、現代書館、二〇一一、七〇頁。
(10) 横田弘、『障害者殺しの思想　増補新装版』、前掲書、一一二‐一一三頁。
(11) 同書七‐八頁。
(12) 同書七二頁。
(13) 同書四八‐四九頁。
(14) 横塚晃一、『母よ！殺すな』、生活書院、第二版、二〇一〇、八〇頁。

第9章　居場所の多島海

1　居場所

居場所づくり

第8章では当事者がすき間から声を出すことについて論じた。第9章では、すき間へと隠されていた人がマジョリティ空間のなかに位置を占めることについて議論していく。

かつて家庭内に蟄居させられるか、あるいは郊外の大規模施設に隔離収容されるという仕方ですき間に追いやられてきた障害者たちが、一九六〇年代以降町に出て地域のなかで暮らす権利を主張した。社会運動として生じたこの動きが空間の撹乱という性格を持った。さらに、隔離されていた人たちが社会空間のなかに住み始めたときには、住む場所と当事者同士が集まる居場所を同時に形成していくことになる。つまり撹乱されたマジョリティの空間のなかに、障害者が生存する場が形成される。

このとき障害福祉にかかわるハウジングの試みが、住む場所を作るだけでなく、当事者がピアで集まる居場所の確保と連動していることは必然的な流れである。自由で安全な居住場所と生活、そして仲間と集う居場所、この二つはどちらも人間にとって大事なものである。仲間と集まる場所によって、地域社会のなかで暮らすということは支えられていく。

自宅のなかに閉じ込められるか、あるいは療養所・コロニーという人里離れた場所で集団的に収容されてきたハンセン病患者、結核患者、精神障害者、身体障害者、知的障害者が、地域社会のなかでの暮らしを求めてきたとき、一人暮らしなら当事者の周りに介助者などの支援者のチームが形成される。あるいはグループホームという仕方で何人かの当事者と支援チームが地域社会のなかに開かれた集団を作ることもある。地域に住むにしても、独居の障害当事者の場合、地域社会に家を構えただけでは家のなかで孤立してしまうだろう。つまり住処を得るということはコミュニティを作るということと連動している。

つまり地域社会のなかに住居があるだけでは、自宅という外から見えない場所で孤立してもう一度すき間になってしまう。仲間を持つとともに、社会へと開かれ、社会のなかで交流を持つための場、すなわち居場所が必要である。すき間とは社会のなかで居場所を持たない状態だとも言いうる。それゆえにデイケアや生活介護事業、就労移行支援事業所が、実際には「居場所型」という形容詞で呼ばれるような機能も提供してきたのだ。社会のなかにありつつも、往来から少し離れた場所で仲間たちと集い交流する場所、何かをしても何もしなくてもよい緩衝地帯、巣立ってもまた戻ってこられる場所があったときにはじめて、その人は地域社会のなかへと開かれ、馴染むことができるだろう。そしてその本質は、「就労継続支援」という賃労働を価値とする自由主義経済的な論理とは大きく異なるはずである。私が訪れてきた施設の多くがさまざまな姿を持つ居場所機能を作り上げていた。カフェ、食堂、あるいはクリニックに併設されたデイケアに人が集まる場合、定期的に公民館などに集まる場合など、さまざまなあり方がある。

居場所の運動の例

前章で取り上げた身体障害者から始まった自立生活運動の出発点は、一九六四年に願成寺の住職であった大仏空《おさらぎあきら》を中心として茨城県に作られたマハラバ村での共同生活だった。そこでのメンバーを中心に、一九六六年に青い芝の会神奈川県連合会が結成された。自立生活運動は〈社会のなかでともに生活する権利〉を要求する運動だったわけだが、社会のなかで居場所を作る運動でもあったといえる。

一九八〇年代になると、精神障害を持つ人が多数集う浦河べてるの家のように、グループホームと作業所や運営するカフェや農場という物理的な居場所を町のなかに複数備え経済活動を行う試みも始まる。さらに当事者研究やSSTといった活動としての居場所をそれぞれの場所で展開するというしかたで、ハードとソフト両面から居場所を創りあげてきたべてるの家の活動は、居場所という概念の一つのモデルを提供しただろう。

べてるの家の「三度の飯よりミーティング」「安心してサボれる職場づくり」「手を動かすより口を動かせ」という理念は興味深い。経済的な効率を追求する企業資本主義に対するアイロニーであるが、経済活動のなかに効率とは違う論理を組み込むことで、雄弁に居場所の重要性を示している。誰かとともに、何もしなくてよい場所、おしゃべりしても沈黙していてもよい場所、安心して悩みを相談することも喧嘩することもできる場所、気兼ねなく遊ぶことも居眠りすることもできる場所、このような場所を社会のなかに確保することは、生きていくために必要な条件であろう。

障害者の居場所に限られない。歴史的に見ると、日本においてはたとえば部落解放同盟は識字教室や子ども会、青年部、女性部会（婦人部）といったさまざまな集まりを組織することで積極的に居場所形成を行ってきた。居場所を作ることによって、差別ゆえに困難を強いられた社会のなかで、生存環境を整えることを模索している。同和対策事業特別措置法が二〇〇二年に終了した後も、いくつかの旧同和地区が（周囲の地域とも連携しつつ）積極的な居場所事業の展開を続けていることも示唆的だろう。

誰でも存在しうる場所としての居場所

このような居場所は参加する人たちにとってどのような価値を持っているのか、私がヤングケアラー経験者のもとで行った調査から考えたい。調査の当初は社会的困窮が深刻な西成区のヤングケアラーは大変なのではないかと予想していた。ところが彼らは居場所の経験があるために、他地域の経済的に余裕があるヤングケアラーに比べると孤立が少ないというのに気がついた。ヤングケアラー問題の本質はケア労働ではなく、家族への心配から逃げられないことと、それゆえに生じる孤立にあるのではないか、それゆえに孤立を解消する取り組みと家族まるごとの生活支援が大事だということを私は経験者たちから学んだ(1)。

大谷さんは、四〇年近く前、小学一年生の頃から大阪市西成区のこどもの里を遊び場として利用していた。戸籍を持たず、大変な貧困と親の失踪を経験するなかで、戸籍、学籍、生活のサポート、居場所、いなくなった親の借金の返済といった、あらゆる局面をこどもの里がサポートすることで大谷さんと四人の弟の生活が可能になっていた。

大谷さん　当時の自分にとっての里は、もうほんまに居場所というか、安心、安全、場所、やったなと思いますね。楽しかったですしね。親がいなくても、スタッフがいてくれたり、シスターがおってくれたりとかしてたし、仲間はすごいいたので、実家みたいなものです。〔…〕ほんま原点ですね。里なかったら、今、何してるか分からないですしね、家族みんな。生きてるか、死んでるかも分からへんし、大阪にいてるかどうかも全然分からないので。

「楽しかった」居場所であるこどもの里は、「生きてるか、死んでるかも分からへん」というように、困難を抱えた人にとっては生存に関わる。一つの地域のなかに複数の居場所があることは、生存可能性を増すことを意味する。

大谷さんは社会のなかですき間に追いやられたといってよい生い立ちを持つ。私がインタビューした利用経験者にとってこどもの里は生存可能性とその後の人生に直結する仕組みを持っている。そもそも彼らが私のインタビューに応じて自分の言葉で人生を意味づけるということ自体が、こどもの里を拠り所にしたことで可能になっている。居場所を経由したことで、言葉を持たなかったすき間から言葉が生まれている。

居場所が拡がる多島海

もう少し言うと、このような居場所は地域社会のなかに複数あったほうがのぞましい。引用した私の調査先である大阪市西成区北部の子ども支援現場においては、たとえばあいりん地区という一中学校の学区程度の広さの地域のなかに、こどもの里、山王こどもセンター、今池こどもの家という三つの子どもの居場所施設がある。かけ持ちする子どももいれば、どこか好きな場所を決めて通う子どももいる。

　一つの地域のなかの複数の居場所だけではない。さまざまな地域やオンラインに散らばった自助会に複数参加する発達障害の当事者の人たちもいる[2]。つまり、居場所は多島海的に、空間の拡がりのなかに散在することで機能するのである。

　徳光薫によると、発達障害を持つ人のたちの自助会の参加者にとっては、複数の自助会をかけ持ちし、あるいは今参加することができなくてもどこかで自助会が行われているということが意味を持つという。参加者が当日いなかったとしても居場所として意味を持つというのだ。徳光の論文に登場するある自助会の主催者である発達障害の当事者は次のように語っている。

> 参加者がいなくていいっていうよりも、参加者が会場にいなくてもいい。参加者はすでにいるんですよね。社会のどこかに。どこかにいるんですけど、その人たちがたまたま会場にいなかったたっていうだけで。その、参加者は、別に会場にいる必要はない[3]。

　今ここに参加者がいなくても潜在的な参加者はこの世界にいる。この世界のなかに集まって語りを行いうる場所があるという可能性がすでに居場所であるというラディカルな主張である。さらには、このような居場所は複数あることが重要だという。

> 当事者会って、一つのところがずっと続いていくっていう必要はないんで。形を変えて、どこかで何か

が続いていればいいと思っているので。(4)

居場所はその潜在性においてすでに居場所であり、個別のものでありつつ全く異なる別の居場所へと連続していくものでもあるというのだ。それゆえ主催者たちは同時に開催される別の自助会の宣伝も積極的にするという。多島海のように、居場所が点々と拡がることで、声をあげることが難しい人も息継ぎができるのだ。そして一つの居場所は他にも居場所があるということによって可能になる。空間的にも時間的にも複数拡がっているということが、居場所を可能ならしめているのだ。居場所がないときにはすき間に追いやられていることになろうし、他にも居場所があると言えないときには逃げ場がなく息苦しい。

多様な拡がりを持つにいたったピアグループは、それぞれなにがしかの経験や関心を共有する人たちが集まっている。居場所はゴツゴツと特徴がある小コミュニティを、均質でのっぺりした資本主義社会のなかに挿入する。それぞれの障害は異なるリズムを持つだろう。グループごとの個性的なリズムがある。そしてミクロに見るならば、そもそも一人ひとりの身体ごとにリズムは異なるのだが、居場所という自由な場所は、それぞれのリズムが尊重される場所でもある。つまり居場所自体が多様なリズムが共存することを可能にする場所だ。それぞれの人の生活空間は異なるリズムを生み出す。大都市では高度経済成長期に学校や会社を中心としてリズムを均質化しようとする強い圧力がかかったが、さまざまなタイプの居場所が生まれることで再度都市全体がポリリズム化する。居場所において生まれるさまざまな身体が生みだす冗長で交わらないリズムは、効率と競争によって均質化する資本主義のテンポを揺るがす。つまり居場所は一人ひとりの人のリズムを世界全体へと接続する媒介となっている。

2　言葉と居場所

居場所を作ることで生存可能性と言葉の可能性を創り出す

居場所は、すき間に追いやられた人たちが社会空間のなかに生存を得るための戦略だ。仲間とともに安心できる空間が形成されるときに、困難に満ちた社会のなかにとどまり続けながら少しだけ退く避難場所であるとともに、社会へと開かれるための窓ともなるような、そういう場所である。そして居場所が誰もが集まれる場所であると同時に、何かの仕方で共通する体験を持つ人が集まったときに、居場所は言葉を生み出すピアグループとなる。

薬物依存の女性たちが集うダルク女性ハウスについて論じた『その後の不自由』のなかで、上岡陽江と大嶋栄子は、安心して「グチる」ことができる場所が重要だと論じている。

家族のなかでの閉じられたグチから脱出するためには、たとえウチの恥となることを話したとしても、それを「恥と感じない」場所と時間をつくることがとても大切になってきます。特に違法薬物の問題というのは、恥の感覚がとても大きくてそうそう話せない。それを恥と感じない場所というのは、たとえば精神保健センターや保健所の相談員やカウンセラー、あるいは自助グループということになるでしょうか。(5)

心のなかのさまざまな傷や怒りや滞りを、安心して言葉に出すことができる場所の重要性を上岡と大嶋は語っている。それゆえダルク女性ハウスでは当事者研究のような語り合う場所を早い時期から取り入れているのだろう。逆に言うと、安心な場所がなかったとしたら、これらの思いは言葉になることもなくあいまいなまま苦痛として体にたまり込んでいく。このような鬱屈自体がアルコールや薬物に頼ってかろうじて生き延びる戦略とリンクしているだろう。それゆえにともに語りだすことが、依存症の人にとっては大事な営みになるのだ。

このような共通する体験を持つ人が集まる語りのグループには、アルコホーリクス・アノニマスや当事者研究といったさまざまなタイプのものがあるが、私自身も何年かにわたって虐待へと追い込まれた母親たちのグループワークの調査を行った。週一回集会所を借りていたので常設の居場所ではないが、安全を確保するファシリテーターの配慮と、参加者たちの言葉が持つ凝集力ゆえに居場所機能を持つにいたった。母親たちは児童相談所を始めとして社会から責められてきたのであるが、しかし自分自身もパートナーからのＤＶや子どもの頃の貧困や虐待といった大きな困難を生き延びてきていた。そのような人たちが、経験を共有した人と出会い語り合うことには大きな意味がある。参加者たちは私に次のように語った。[6]

うーん。最初はやっぱり、こう、バラバラというか、まあ、個人個人の空気のほうが、うん、あったけど、でも、やっぱり、なんやろな、みんなに会いたいから……だから来たっていう、あの、発言をする人も居たし、私もそうやったし、うん。はい。なんやろ。やっぱり安心できる場所になったんですよね。そこがさらに。

最初は自分のこうやってきたことだったりとか、自分の経験してきたことを話したら、話すことすら恥ずかしいというか。話すことすら嫌や、オープンにするのは嫌だなあって思ってたんですけど。

一緒に参加してる人とかが、実際自分との子どもの関係のなかでやってしまったこととかっていうのを。話してる姿を見て、『あ、話していいんやなあ』って。で、もう、すごいもう「な、泣いてもいいし、腹立つんだったら怒ってもいいし、もうどんな感情でもいいからふたしないで出してください」って言われたときに。『本当にそんなんして大丈夫なのかな、成り立つんだろうか？』と思ってたんですけど、もう実際怒り出す人も居るし、泣き出す人ももちろん居るし。でも、言うたらもう、テレビで流れ、ニュースで流れてくるようなことをされてる人とかも居てたんですけど。みんな普通に聴いて、聴いて受け止めてっていうのをしてるのを目の当たりにして。『あ、出していいんや』って思えるようになって。本当に自分はしんどかったこと。

みんなで自分の言葉をつくる。自分の経験を語ることができる前提として、他の人の経験を聴くという出来事がある。共有しうる経験を聴くことが安心感を生む。「みんなに会いたいから……だから来た」というのは居場所の最も核となる条件だろう。他の人が激しい感情をともないつつ語るのを注意深く静かに聴くことを経て、自らの経験についても気づきを手にし、語りだすことができるようになる。調査を通して、「聴く」ということが語るために重要な意味を持つことを私は教わった。聴くことが蓄積するなかで、自分のなかに言葉が生まれるのだ。聴くことは語りの母胎であるということもできるかもしれない。

ピアグループとは、社会から排除され社会のなかで場所を奪われた人、社会のすき間に追いやられた人たちが集まることで言葉を獲得する動きである。グループの活動を通して、排除されてきた人たちが困難の多い社会のなかに場を作る。多様な安全地帯を島に見立てるならば、社会のなかに多様なグループからなる〈多島海的な空間〉を作り出すことによって、すき間から言葉を発しやすくなるような世界が生まれる。それゆえ、居場所は言葉が生まれる場所ともなる。ただし、さきほどの上岡と大嶋の言葉が暗示している通り、この言葉は調和的なものであるとは限らない。精神障害を持つ人たちの当事者研究など私自身が目撃してきたのも、むしろとりとめがない、ときには対立するさまざまな言葉が行き交う場所だった。ファシリテーターが場所をガイドすることはあるだろうが、場の安全が守られている限りはばらばらの語りが行き交うのが居場所である。

居場所の運動はピアの〈対話〉を作ってきた。もちろん歴史的に見ても部落解放同盟のさまざまな部会は、そのような語りの場を形成しただろう。青い芝の会は原一男監督の『さようならＣＰ』を見るとわかるとおり、当事者同士の語り合いの場でもあった。そして断酒会やアルコホーリクス・アノニマスのようにそもそも同じ困難を持つ人が集った語りの場として居場所が形成される例もあった。浦河べてるの家は、昆布の「商売」を行いつつ、地域社会で支え合って暮らす語らいの場を作ってきた蓄積のなかで、当事者研究というピアによる語り合いの技法を編み出した。地域社会での生活、サードプレイスとしての居場所づくり、対話、という三つの要素はもしかすると普遍的な価値を持つのかもしれない。これらは、排除され忘れられてきた人が社会のなかに場を見出す運動であり、空間という視点から考えたときに当事者の運動のオルタナティブな意味付けができないだろうか。

語りうる可能性が場を拓く

語りの場としての居場所には、空間という視点から見たときにいくつかの形式があるように思える。一つはたとえばデイケアや就労継続支援の作業所で行う当事者会のような恒常的な通所施設での語り、もう一つは公民館などを借りてゲリラ的に集まって語っては散会するタイプのグループである。極端な場合には、オンラインで当事者研究や当事者会を開催するグループのように、リアルな場所は持たない語りの場もコロナ禍を経て増えてきた。リアルな居場所ではなくオンライン空間のなかで一時的な居場所を作るという点で、ゲリラ型の居場所の極端な形であろう。対面での会話に息苦しさがある人たちにとっては、オンラインの集まりのほうがリラックスできる、つまりオンラインであるがゆえに居場所となるという声も聞く(7)。

定住型もゲリラ型もどちらも参加者にとっては居場所として機能するのであるが、空間論的には異なる意味を持つのかもしれない。定住型の語りの場所は、もともと生活上の安全の場所でもあり、地域社会のなかでの生存の確保と密接な関係を持つ。すでにある居場所が語りの場所となるパターンだ。これに対してゲリラ的な語りのグループは、それぞれの生活圏において言葉を持つことが難しいかもしれない人が、息継ぎをする。自分の言葉を見出す場所を生活圏の外に出て求める。もちろんどちらのグループも家では話すことが難しい内容について語るだろうが、定住型が生活のなかでの安全基地の役割を果たすのに対して、ゲリラ的な集まりは生活圏から離脱することでほっとするという意味を持つだろう。

こうしてみると語りの可能性が生存の場所の可能性を拓くというように見ることもできるだろう。もちろん語らなくてはいけないというわけではなく、このような語りの場所において沈黙している権利も保証されている必要があるし、あるいは語らないことによって生存が可能になる当事者たちの存在も忘れてはいけないだろう。[8] 居場所は安心して沈黙することが許される場所でもある。沈黙の可能性も含めての語りの可能性が、存在の場を拓くのだ。

注

（1）拙著、『「ヤングケアラー」とは誰か』、朝日新聞出版、二〇二二。
（2）徳光薫、「大人の発達障害の自助会を主催する意味」、『臨床実践の現象学』第四巻一号、二〇二一。
（3）同論文。
（4）同論文。
（5）上岡陽江、大嶋栄子、『その後の不自由』、医学書院、二〇一〇、一〇五－一〇六頁。
（6）拙著、『母親の孤独から回復する』、前掲書。
（7）横道誠、『みんな水の中――「発達障害」自助グループの文学研究者はどんな世界に棲んでいるか』、医学書院シリーズケアをひらく、二〇二一。
（8）井上瞳、「語ることと語り出すこと」、前掲書。

第Ⅳ部　すき間を生まない世界——社会的開放性について

第10章　自分とは異なる人と出会う社会

1　社会的包摂から社会的開放性へ

社会的包摂のジレンマ

第Ⅱ部では〈かすかなSOSへのアンテナ〉と歩行を軸にしてすき間との出会い方について、第Ⅲ部ではすき間から響く当事者の声と空間の拡がりについて探究した。第Ⅳ部はすき間を生まない世界をどのように構想しうるのかについて考えていく。すき間を生まない世界は、おそらくは実現不可能であり理念にとどまるのだろう。しかし進むべき方向性を考えるためにもあえて理念を考えてみる意味はあるだろう。第10章と第11章は理念に関わり、第12章で再度現実のなかで何が課題となるのかについて考察する。

哲学史のなかでこの問いを正面から取り上げたのは、ようやく二〇世紀になってベルクソンにおいてである。そのためまずはベルクソンを頼りにしながら考察を進めていく。すでに第Ⅱ部第7章でウィリアム・ジェイムズとともに開放的な多元的世界を論じたが、その延長線上に第Ⅳ部の議論がある。第Ⅱ部第7章ではミニマムな契機であるかすかなＳＯＳへのアンテナがどのような拡がりを持つのかという方向性から考察して世界の地平にいたった。第Ⅳ部では「社会的開放性」という概念を提案しながらダイレクトに世界のありかたについて論じていきたい。

以下では福祉の世界で「社会的包摂」という名前で呼ばれているものを哲学的に捉え直したい。厳密に言うと、私自身はこの「社会的包摂」という名称に若干の違和感を持っている。というのは、弱者や障害を持った人を「包摂」した社会を作るときに、そこで再度「包摂」から「排除」される人を生み出すリスクがこの名称のなかにすでに潜んでいるからである。今まで制度で守られていなかった人を制度で保護しようとしたとき、新たな制度のもとでは外れてしまう人が再度生み出されることになる。

たとえば重度訪問介護の制度が生まれたことで、ＡＬＳ患者など人工呼吸器や痰の吸引を必要とする人の在宅での生活の可能性が拡がった。しかし同時に、重度訪問介護の適用から外れるけれども在宅での生活が難しい人もいる。そして自治体によってはこの制度そのものが整っていないために、どこに住んでいるかによって在宅が可能なのかどうかも変わってくる。

あるいは重度心身障害児は養護学校に通う権利を持つはずだが、送迎バスへの看護師の同乗が認められずに、就学を断念しないといけないことがある。つまり包摂しようとして制度を作っても必ずそこから外れる人がいる。

私が調査をしている児童福祉の世界でも、虐待のリスクがあると判断されたら要保護児童対策地域協議会で議論の対象になるが、虐待のリスクはないけれども家族の世話をしているために生活や学業の困難を抱えているヤングケアラーは漏れてしまっている可能性がある。そして何かの集団が生まれるときにはそこにどうしてもなじめない人が生まれる。社会的包摂という理念においては、このような福祉制度とすき間とのあいだのいたちごっこは避けられない。日本の福祉制度は年齢や障害の等級といった線引きによって支援が受けられるかどうかが決まる。あるいは申請主義なので、日本語に不自由な海外出身の人は排除される。つまりいたるところで制度の壁があり、排除が生まれる。

少なくとも理論的に考える場面では、原理的な発想の転換を試みてもよい。制度から漏れていた人を新たな制度によって包摂し直そうとしたときに、新たに制度から外れてしまう人が生まれてしまうのだとしたら、そもそも包摂とは別様の構想力が必要になる。制度は必要ではあるが、制度に視点をおいたときには、適用の境界線も生まれるためにどうしても排除あるいはすき間が再生産されるというジレンマを持つ。制度による包摂とは異なる共同体のイメージは持てないだろうか。現実の福祉制度や教科書がどうしても包摂と財政のバランスや自立という発想から逃れられないとすると、福祉とは別のところから発想の源泉を汲み根本的に考え直す価値があるだろう。哲学的な構想力がここで意味を持ってくる。

すでに第Ⅱ部で、範囲の円が決まった制度で囲い込むのではなく、すき間を探索するために歩行する線が拡がっていくイメージを提案した。制度で囲われた閉域の外へと出る線、あるいは閉域から見えなくなるすき間のなかに入る線が必要である。社会的包摂の概念は丸く囲い込むイメージをともなうため、どうしても「丸い円」の外側に排除される場面を想起させてしまう。

しかし複数の線が拡がり、からみあい、ほつれていく、そのようなイメージを抱いたときに別様の世界が開かれていく。すき間の探索、かすかなＳＯＳへのアンテナ、一人ひとりの語り、居場所の多島海、といった要素の延長線上で作られる世界はどのようなものなのか、第Ⅳ部では考えていくことになる。一人ひとりのアンテナと出会いと言葉から始まる地べたの視点と同時に、囲い込むことなく全員へ向けて開かれていく大きな地平を持つ、そういう世界を提示していきたい。
もう一つ別の視点から社会運動家の稲葉剛も「社会的包摂」という言葉遣いに対する違和感を記している。

日本では近年、社会的排除の対義語として社会的包摂という言葉が使われるようになった。これは「ソーシャルインクルージョン」の訳語だが、私は「包摂」という語に違和感を抱いている。「包摂」という言葉には、排除された人を温情的に「包み込んであげる」というニュアンスが伴ってしまうのではないか、と危惧をしているからだ。「包摂」を語る人の立ち位置は、あくまで社会の内側にあり、そこには自分たちこそが「排除」の主体であったという観点が欠落しがちなのではないかと私は感じている。(1)

稲葉の懸念は、マジョリティが持つ優越感や温情的なパターナリズムが「包摂」の概念のなかに含まれている、そしてマジョリティからの排除を隠蔽しているということであろう。そもそも包摂とはマジョリティの制度のなかにマイノリティを取り入れてあげるということであるから、概念自体にパターナリズムがはいりこむ。このパターナリズムの問題については第12章で詳しく考えたい。
「包摂」とは異なる仕方で世界を構想できないか。ここでは「社会的開放性」という概念を提案したい。すき間を探索して歩いて行く線の拡がり、そして当事者の声の場としての居場所の多島海は地平としてどこまでも拡がっていく社会的開放性を持つ。制度からではなく一人の人が他の人と出会うというミニマムな場面から考えたときの世界の姿だ。

すき間に追いやられた人が生存しうる地平

私たちが構想するのは、すき間を生まない社会を哲学的に基礎付ける原理である。根本的には、不可避的に排除を生む国家の制度や社会慣習を出発点とはしない、ボトムアップの社会的紐帯から世界を考える。しかし、まずはその手前で現状を維持しながら議論を進めてみよう。社会制度によって境界線ができてしまっていることを前提としながら誰も取り残されない世界を考えるときには「すき間へのまなざし」が重要になる。〈すき間への声かけ〉という事例はこのような制度のジレンマを乗り越えようとする、ナイーブかもしれないが当座必要な視点だった。

制度のすき間に追いやられた人は、人の目に触れなくなってしまう。そして自らSOSを出すことが難しい。制度のなかに安住している人は、同じく制度のなかに安住している人としか日常では出会わない。制度という舞台の光のもとで生きているときには、スポットライトが当たらない制度の外部が見えないのだ。そしてすき間に落ちてしまった人は、制度のなかで持つ力を奪われてしまっているので、声を出すことができない。制度に乗った世界のなかでの発言力は制度のなかにいる人しか持たないし、そもそも生き延びることに精一杯でSOSを出す余裕すらない。

現代の社会では当事者が自分の権利を主張するために声を上げることが重視されるようになっている。このことはとても大事な価値であり第Ⅲ部で議論した。他方でもっとも困難な場所に追いやられた人たちは自ら声をあげることができない(2)。しかもすき間はさまざまな場面で多孔的に生じる問題であるから、たとえば社会的に抑圧された集団という形を取るとは限らない。一人だけのすき間もある。どこにすき間が開くのかは予測できない上に、当事者は集団で声をあげることができないままに分断されて孤独のなかで苦しむことになる。

とするならば、当事者が自ら声をあげるよりも前に、誰かがすき間にいる人を見つけて声をかける必要がある。障害を持った子どもなど多様な背景を持つ子どもたちが、ともに学ぶ学校を作ることに尽力した大阪の小学校教諭である木村泰子の本の言葉を引用してみたい。

もうこれ以上、子どもの命を失くしたらあかん。

私がとっても尊敬している、長年部落問題に取り組んでこられたリーダーがこう言われました。

「木村さん、暗いところにおると、明るいところはよう見えるやろ。でもな。明るいところにおったら、暗いところは全然見えへん。明るいところにおって、暗いところを見ようと思うたら『見よう』と思わな、見えへんのや」

この言葉が、私のなかに常にあります。

「見よう」と思わなくては「暗いところ」にいる子どもの心は見えません。(3)

すき間に追いやられて困難に陥っている人はマジョリティの世界からは見えなくされている。この「見えなくされている」こと自体がすき間の定義であると言ってもよいかもしれない。木村はさらに「「暗いところ」にいる子どもの心」と書いている。暗いところの向こうのさらに見えない「心」へと届くにはどうしたらよいのか、と問いを立てているのだ。

「社会的開放性」は、まずは他の人と出会う可能性のことであり、とりわけ自分の経験とは異なる経験を持つ他者の経験の人生の線と交差する可能性のことである。閉じられることがない歩行の線の網の目の拡がりや居場所の多島海という姿を取る。自分の経験の線が、他の人の経験の線に向けて開かれる、そういう運動である。

異質な人たちが出会う世界を構想する

私は大阪に転居してからさまざまな人と出会った。まずは看護師の聞き取り調査をはじめて在宅医療や精神科病院といったいくつかの医療現場に出入りし、ぎりぎりの状況のなかでコミュニケーションを続け、苦痛のなかにいる患者を支える実践を目の当たりにした。そのあと精神障害を持つ人たちの当事者研究の会やさまざまな障害者施設、あるいは西成という貧困地区で子育て支援の場に出入りするようになったことで、今まで出会ったことがないさまざまな人たちと出会うことになった。医療者や福祉職といった支援者だけでなく、病や障害を持つ人、地域で困難な状況のなかで暮らす人たちだ。

逆に言うと、生まれ育ってから主に関東にいた四〇年間のあいだは、極めて均質な集団のなかに暮らしていたことを思い知った。東京でも路上生活やネットカフェ難民、あるいは技能実習生の人たちなどすき間に置かれた人たちはいるのだが、排除されている人の存在を意識する感受性を恥ずかしながら持っていなかった。日常生活のなかにとどまっていたとしたら、自分の生活状況や職場環境とは異なる場所にいる人たちと出会うことがない。

もちろん私が鈍感だという理由はあるだろうが、多くの人は身近な生活環境の外にいる人とは交流することがない。知らない人と町ですれ違ったとしても意識を向けることはないのではないだろうか。自分の生活圏で出会うことがない人は意識から排除されている。私自身を振り返ると、これは自分が暗に持っていた差別意識を自覚できていなかったということなのだろうと気づかされる。

排除や困窮した人が目の前にあるのに見えにくい場合もある。他者に気づかないだけでない。自らの困難に気づかない場合も少なくない。たとえば意識されないままに経済格差は拡がっている。非正規雇用の割合が三五％あまりであり、[4]（世帯平均収入の半分以下の収入である）相対的貧困の状態にある国民が人口の六分の一とも言われ、[5]地域の紐帯も失われつつある日本において、かつて言われた「一億総中流社会」という幻想は、自分自身が苦しんでいる経済格差を見えなくする目隠しとして機能してきた。[6]日本人が持つ中流意識の強さは、（無自覚的な差別意識を持つマジョリティの側だけでなく）すき間に入る当事者の人も、自分自身の苦境を意識しにくいという帰結をもたらした。

福祉制度によるサポートが前提となっている社会では制度のすき間が構造上生まれてしまう。排除が生まれない共同体の構想が最終的には必要になるだろう。

理念的にはすき間への眼差しよりも前に、〈異質な人たちと、協力するにせよ敵対するにせよ排除しあうにせよ理解できないにせよ、ともかくも出会うという地平〉を設定する必要がある。というのはそもそも「世界」という言葉の適用範囲は狭く、出会いうる範囲の相手しか想定していない言葉かもしれないからだ。世界という言葉の適用範囲を拡げる必要がある。ここからしばらくは哲学者たちの言葉を頼って考えていきたい。

2　ハイデガーの世界概念を批判する

ハイデガーの世界概念と排除

まずハイデガーの世界概念を批判しながら、見通しを得たい。第I部第2章で、社会的な排除を司る集合的な感情を論じたときに、ハイデガーが共同体の基盤にすえた根本気分が暗黙のうちに排除を孕んでいると指摘した。今回はハイデガーの世界概念を取り上げる。ハイデガーが厳密に区別しているわけではないが、気分が共同体（ハイデガーの言葉では「民族」）に関わるのに対し、世界はより広い外延を持つだろう（しかし彼の議論のなかでは明確な区別がない。つまりアーリア民族が世界全体であるかのように記述は進む）。そもそも本書は、国家、社会（共同体）、家の区別を暫定的に設けた上で、その全部を包含する概念として世界という言葉を使ってきていた。

ハイデガーは、『形而上学の根本諸概念』講義（一九二九）の有名な世界論で、人間の世界と（ユクスキュルが明らかにした）ダニの世界を比較しながら人間の世界の特徴を明らかにしようとした。

使用される資源の範囲で世界の範囲が決められるがゆえに、酸の濃度にだけ反応するダニの「貧しい」世界と、自由に行為を投企する人間の世界との線が引かれる。ダニに噛まれない限り、人間はダニのことを意識することはないし、噛まれたとしてもダニにとって世界がどのように経験されているのかを意識することはない。人間と資源を共有しない存在、人間に意識されない存在はそもそも人間の「世界」のなかには入っていない。人間のみが自ら世界を構成し、行為によって自由な投企を行うがゆえに十全に世界へと開かれるとハイデガーが述べたときに、この投企可能性の自由はしかし〈自らが出会いうるものの範囲〉を設定する自由でもある。つまり人間が自由であるのは、「経験の範囲」を自ら決定することができるという制限づけをする自由のことでもある。

人間から動物への経験の「移し置かれ」は可能だが、それが「いくばくか」にとどまる。(7) 経験を移し置かれて理解しようとできるかどうかが、人間と動物の距離を意味する。逆に言うと「移し置き」できないと世界を共有できないということだ。ハイデガーは人間と動物の世界のあいだに線引きをしようとしたのだが、これは形式的な基準であるから人間間でも当てはまるだろう。

道具のネットワークからの排除

『形而上学の根本問題』講義の少し前に刊行された『存在と時間』（一九二七）によると、人間（現存在）の「世界」は道具とその使用を通したネットワークとしてなりたっている。道具はネットワークを作り、人間は道具を「使う」という「意味づけ」のネットワークに組み込まれる。一つひとつの道具は使いみちを持つが、ノートがなければペンは使えないというように、道具の使いみちは他の道具と結びつくことで初めて発揮される。ペンとノートと教科書と、黒板とチョークと教室の机と椅子とはすべて結びつくことでのみ、学校の環境という道具ネットワークとなる。そしてこのネットワークが実際に作動するのは、教室を使う生徒と教師が授業という意味ある行為を展開するからだ。つまり道具のネットワークと、道具使用という行為のネットワーク、意味のネットワークが重ね合わされることで「世界」になるのだ。

厳密な意味では、ひとつだけの道具は決して「存在」しない。道具が存在するには、いつもすでに、ひとまとまりの道具立て連関がなければならない。この道具がまさにこの道具であるのは、このような道具立て全体においてなのである。道具というものは、本質上《……するためにあるもの》（《etwas, um zu...》）である。この《……するためにある》ということには、有用性、有効性、使用可能性、便利性というようなさまざまな様態があるが、これらがひとまとまりの道具立て全体の全体性を構成している。(8)

このように道具から世界を考えた場合、道具のネットワーク（私たちの文脈に合わせて拡大解釈すると、狭義の道具だけでなく社会資源や使用しうる情報のネットワークも含む）を共有していないときには、同じ世界には住んでいないということになる。ノートや教室を使うことができない子どもは、ノートを使えている子どもの世界には参加できない。授業中座らずに教室からふらふら出ていく子どもは、もしかすると教室の騒音が耐え難いのかもしれないし、黒板の文字をノートに写すことが苦手かもしれない、あるいは家でつらいことがあって集中できないのかもしれないし、授業が難しすぎるのかもしれない。理由は何にせよ、教室のツールを使えないときには教室の外にはじき出されてしまう。

排除とはまさに、（道具にせよ貨幣にせよ福祉サービスにせよ住居にせよ教育にせよ）使用可能な資源のネットワークからの排除でもある。すき間に落ちて見えなくなった人は、目の前に居るように見えても他の人と同じ資源のネットワークのなかにいない。教室の例でいうと、それゆえにこそ合理的配慮が重要であり、子どもの声を聴くことが重要だ。ろうの学生にはノートテイクや手話が必要であろうし、感覚が過敏な子どもには避難場所も必要だ。

ハイデガーによると、道具によってもたらされるのは準備性であるという。到来する出来事を、「こういうときにはこうしたらよい」という既知の枠のなかで応答する可能性を道具は与える。(9) すき間においやられるとは、適切な道具を持たないということであるから、未来への準備性を奪われて、ちょっとした出来事に不意打ちされる脆弱な状態に置かれるということでもある。

今の社会においてもしもインターネットやスマホを使わなかったら、他の人との共有できるネットワークから大きく排除されてしまう。インターネットが普及し始めたのが一九九〇年代の後半だったことを思い出そう。iPhone の登場は二〇〇七年だ。ほんの二〇年で共有資源としての世界は大きく変化した。しかし私が現在調査している地域では、たとえばスマホの代金が払えなくて電話が通じなくなるというような出来事も聞くことがある。そもそも生活保護世帯の多くではインターネット回線はひかれていない。同じ世界を共有できなくなった人を、もう一度共通の資源を持つ世界へと迎え入れることはさらに困難になることは想像に難くない。

物的な欲望は資源の消費をともなう。資源と欲望の対象にアクセス可能な人と不可能な人とのあいだには線が引かれている。アクセスできない人は、同じ社会のなかにいても物質的なネットワークのすき間に追いやられる。そして資本主義は物的な欲望の世界であり、これを世界の枠組みとするときは、欲望の対象である商品にアクセスできない人は資本主義の世界から排除されている。あるいはそもそも欲望を持つことすら許されない人は世界へとアクセスできないことになる。貧困とは生活の条件が整わないことであるが、世界へのアクセスが失われることでもある。

資源の再配分という視点からの戦略はすべての人に資源が行き届くように努力することだ。〈資源を共有する世界〉という世界概念のなかで、公平をめざすなら、再分配の徹底が問われることになる。所得の再分配（生活保護などの施策）、あるいは教育保障（義務教育や特別支援教育など）、障害を持つ人への合理的配慮といった主張は資源の分配に関わる。おそらく資源の共有を徹底することは、成長とは異なる論理を核に据えることになる。(10)

しかし再分配という視点をとったときには、障害を持った人の排除の解消を完全には議論できない。というのは合理的な配慮やヌスバウムのケイパビリティ概念でさえ、ケイパビリティを満たすことが難しいハンディキャップを負った人と、恵まれた環境にある人とのあいだで、資源を共有することを保証はできないからだ。道具の共有や資源の共有が問われるためには、そもそも共有を果たすべき相手と出会っていないといけない。しかし資源の共有という視点からは不可避的に出会えなくなる人がいる。道具のネットワークとしての世界や、資源の共有という視点から世界を考えるときにはどうしても「世界」へとアクセスできないすき間が生じてしまう。ラディカルに考えると、資源の共有を前提とする「世界」を一旦は解除し、再配分を超えた出会いの地平を設定することが理論上は求められる。かすかなＳＯＳへのアンテナという概念はヌスバウムのケイパビリティ概念を支える条件として見出されたが、しかし直接は資源の確保としてのケイパビリティとは異なる可能性・地平へと開かれている。

3　開かれた社会と顔――社会的開放性の基層

ウィリアム・ジェイムズからベルクソンへ

前節ではハイデガーの世界概念が構造的にすき間を生んでしまうことを確認した。つまりハイデガーとは別様に考えていく必要がある。そこでジェイムズを経由してベルクソンへと立ち返る。

第Ⅱ部第7章で取り上げたウィリアム・ジェイムズの多元的宇宙が前提とするプラグマティズムは、すべての経験の線が多様な方向に伸びていくイメージを起点としており、多様な経験の線が伸びていくがゆえに世界が多元的になっていくという発想だった。

世界に境界線はないのであり、つねに他の思考、そして異質な世界と出会うことへと開放されている。世界もまたつねに複数あり、さらには異なる世界が「そしてand」で接続しうる。一つの線が、どのような他の線と出会い、また異なる線へと分岐していくのかどうかは、あらかじめはわからない。一人ひとりの人生とその語りを一つの世界と考えたときにも、この開放的な多元論のイメージは有効であろう。私の生と思考はつねに、他の生と思考へと開かれているのであり、無際限に多様な生へと開かれている。歩行が伸びていくというイメージを持ったときには世界は必然的に開放的で多元的になるのである。ジェイムズと次に見るベルクソンは見事に呼応する。

閉じた社会

ベルクソンは最後の大きな著作である『道徳と宗教の二源泉』（一九三二）において独特の倫理学を提示した。黎明期だった文化人類学の知見と、ウィリアム・ジェイムズの『宗教的経験の諸相』にインスピレーションを受け、「閉じた社会」と「開かれた社会」あるいは「閉じた道徳」と「開かれた道徳」という区別を導入した。(11)

閉じた社会とは、習慣が規則となって支配する社会である。習慣や規則は、統治の手段として強制的・支配的に働くだけでなく、本能のように内面化され、人々は自ずと従うようになる。人々の行動を支配するのはあくまで非人称的な規則であり、下手をするとあまりに内面化されて自ずと従うようになるために規則として意識することすらなくなる。これは一六世紀にド・ラ・ボエシーが自発的隷属と呼んだものであり、統計と公衆衛生の時代である現代においては、フーコーが規律権力と呼んで精緻な議論を提案した。

閉じた社会では規範こそが道徳であるから、「よいはわるい、わるいはよい(12)」と、集団の論理が優先することで人間を軸に据えた倫理が無効になることもある。閉じた社会を支配するのは、生物の本能にも比べられる、集団自身の自己保存の法則である。それゆえ社会＝制度の存在を脅かす異物は「敵」として排除される。閉じた社会とは排除をその論理のなかに含みこむ社会である。私たちが、第1章で論じた国家、社会、家はすべて閉じた社会である。あるいは古典的な政治の場はすべて閉じた社会をその範囲とする、とも言える。習慣を軸とはしていないが、ハイデガーの世界概念も、道具使用が強いる規範性ゆえに実は排除を前提とする閉じた社会である。

ベルクソンは閉じた社会を生物の本能と比べるのだが、これは、社会が非人称的な自己保存の法則にもとづいて惰性で展開するからだ。蟻の群れが本能に従いながら自己組織化するのと同じように、社会は習慣と規則に従いながら自己組織化する。閉じた社会の自己保存は自然であり、閉じた社会の論理（自己保存のための規則と異物の排除）から逃れるためには「理性」による「迂回」が必要だとベルクソンは考えた。[13] つまり自己保存の法則から帰結する排除の論理から逃れるためには、理性の力で外に飛び出る「跳躍」[14] が必要なのだ。

開かれた社会

閉じた社会とは質的に異なる開かれた社会がある。この開かれた社会が、私たちが考えている社会的開放性と連動している。開かれた社会は仲間内に閉じることなく人類全体をめざし、さらにその「人類愛」は動物や植物へも拡張されうる。

開かれた魂の愛は動物、植物、すなわち全自然にも広がっていく以上、この魂は人類全体を包容すると言っても言い過ぎではないし、それでもまだ言い足りないくらいであろう。[15]

「人類を包容する」愛が「まだ言い足りない」というのは、円で描かれうる包摂ではなく、開放性だからだ。言い換えると閉じた社会が排除を生み出すのに対し開かれた社会とは排除がない世界のことである。

〔家族愛と祖国愛は〕選択を、ひいては排除を含んでいる。〔…〕第二の〔人類愛〕感情は愛でしかない。[16]

国家、習慣を持つ社会、家族が閉じた社会であるとすると、開かれた社会は通常私たちが暮らしている社会とは全く異質のものであることになる。ベルクソンによると「人類愛」には、「神が人類全体を愛する」ことが必要である。神という存在者が「人類全体への愛」を媒介するがゆえに「神」という形象を人間は必要とする。制度と慣習にもとづく閉じた社会とは異なる視野を拓くために、誰も排除することがない視点を拓くために、「神」という、閉じた社会を超えた外部が必要だとベルクソンは考えたのだった。

ただ、この神秘主義者が真理を伝播するのは、もはや単なる言説によってではない。

なぜなら、偉大な神秘主義者を焼き尽くす愛は、もはや単に神に対する人間の愛ではなく、万人に対する神の愛であるからだ。彼は神を通して、神によって、全人類を神の愛によって愛する。(17)

かつて『創造的進化』でベルクソンは、本能によって惰性で反復される世代交代に対して、生命の跳躍（エラン・ヴィタル）によって進化が生じると主張した。社会の組織化においても同じように、同じ制度が繰り返され自己保存的である（それゆえ異物の排除を前提とした）社会が維持されるのだが、閉じた社会から外に飛び出る生命の跳躍として人類愛が生じる。殻を破って外部にでる跳躍であり、同じものの繰り返しを破って新しいものを生み出す創造であるという点で、進化を引き起こす生命の跳躍と人類愛は類似するとベルクソンは考えた。

さて、閉じた社会とは、匿名的で非人称的な規則によって、メンバーがいつのまにか強制的に管理されている社会だった。開かれた社会はこれとは対照的なロジックを持つ。まず強制的に強いられるわけではない。

開かれた社会は自発的にしか参加しえない（閉じた社会のような明瞭な輪郭を持つわけではない誰もがすでに巻き込まれている集団に「参加する」ということが何を意味するのか判断することは難しいが）。それゆえに神秘家と呼ばれる卓越した人格への「あこがれ aspiration」と「模倣」という奇妙な論理で社会が形成されることになる。つまり開放性をめざしているモデル人物をあこがれた周囲の人たちが模倣することで、開かれた社会が生まれるというのだ。

開かれた社会は、匿名的な規則によって強制されコントロールされるわけではない。そうではなくイエスやソクラテスといった具体的な人物の魅力によって人が集まり社会となる。その人格は自分で呼びかけているわけではないにもかかわらず、周囲の人がその人に「呼ばれた」と感じて追随する。このような卓越した個人のことをベルクソンは神秘家と呼んだ。

神秘家はたくさんいる

ベルクソンの議論は偉人を大真面目に議論する点で奇妙でありつつも示唆に富む。神秘家という概念を引き受けつつ、私自身は二点の変更と追加の必要を感じている。ベルクソンが挙げる神秘家の例はイエスやソクラテスといった歴史上稀にしか出現しない卓越した個人である。彼らはたしかに弟子や信徒を惹きつけて新しい世界を拓いた。しかし私は神秘家はどこにでもたくさんいるのではないかと考えている。少なくとも私自身は人類全体へと向かうような「開かれた魂」を持った援助職の人たちに多数出会ってきた。「誰も取り残されない」世界の理念を持って献身的な活動をしている皆さんは読者の周りにもたくさんいるのではないか？　無名の人たちが周囲の人々を惹きつけ、開かれた社会の理念を受け継ぎ、さらに次の世代を惹きつける。

たとえば私が調査を続けているあいりん地区の子ども支援でも、この半世紀に限っても小掠昭、小柳伸興、荘保共子といった際立った人物が登場して多くの人たちを惹きつけてきた。その次の世代にも惹きつける魅力を持った人たちがいる。「子どもの命をど真ん中に」という理念がその後の世代へと引き継がれている様子を私は目の当たりにしてきた。

もう一つの論点は、神秘家という存在がいるとして、その人はなにに動機づけられているかという点である。ベルクソンの議論では、神との合一を経験する神秘家が出発点となっている。進化を促す突然変異の個体が新たな種を引っ張るのと同じように、神に化身した大きな生命の跳躍が受肉した神秘家が開かれた社会を牽引するというのだ。大文字の生命そのものの動きがこの世界で現実化する代表として神秘家が位置づけられているのだろう。とはいえ、ベルクソンの議論でも神そのものではなく「人類愛」こそが、開かれた社会の要件である。とすると、（神＝大文字の生命によってではなく）「人」によって触発されていること、これが神秘家の動機ではないだろうか。

ベルクソンの議論では、「神が人類全体を愛する」というテーゼを媒介として「人類愛」が成立するように描かれるが、この「神が人類全体を愛する」というテーゼは必要なのだろうか。もしかすると目の前にいる困窮した人が援助職を触発することを、「神が人類全体を愛する」と呼んだのではないだろうか。レヴィナスが無限（＝神）は他者の顔に過ぎ越すと語ったのが思い出される。悲惨のうちにいる誰かに呼ばれることこそが神からの召喚そのものなのだとレヴィナスは考えていた。つまり神との神秘的な合一ではなく、貧しい人に呼び求められることこそが神との関係なのだ。レヴィナスについては次節で検討したい。

閉じた社会のなかで現れる開かれた社会の徴候が、「すき間」である。閉じた社会のなかにあって開かれた社会を志向する運動は、「すき間」をめざす。開かれた社会をかいま見たときに、人はすき間からのかすかな声を聴く。閉じた社会の閉域の外側へと向かおうとする。人類愛を志向する人は、すき間に落ちてしまった人を探し出し声をかけようとするからだ。すき間を意識できるということ自体が、閉じた社会には欠損があり、別様の世界がありうることを示している。出発点はSOSを出せない状況にある人からのかすかなSOSである。純粋に開かれた社会が実現したときには、もはや「すき間」という言葉も必要がなくなる。どんな人であっても目の前の「人」に触発されるということを意味するようになるからである。

神秘家は直観と情動の人でもある。ベルクソンにおいて直観とは生命の創造的な変化を内側から感じ取る働きのことである。この直観は、（差別を生み出す集団的恐怖のような感情とは異なる）新たな情動を産出する。[18]ただし感情移入するのではなく、今の場合は他者の位置に身をおいて世界を見ようとする努力が、そのまま社会的開放性になるような、そういう直観である。つまり直観とは、かすかなSOSへのアンテナが、開かれた社会を遠くに示すことを感じ取ることである。私が出会う実践者たちはその人が卓越している場合には、患者や当事者の視点に立って何が経験されているか、彼らが何を望んでいるのかを感じ取る感受性とスキルを磨いていた。[19]そして一人ひとりの子どもの困難の位置から世界を見ることこそが、「誰も取り残されない世界」という地平と重なる。このような世界全体への開かれは、かすかなSOSへのアンテナの一面でもある。

つまりここでの直観とは、単に閉域から外部へと向かう生の跳躍ということではなく、困難な状況にある人の生命の運動の内側に立ちうる力のことであり、開かれた社会という理念を直観する力である。たしかに他者の生命の力をその内側から感じ取るのだが、それは同時にすべての人の生命へと向かう力であり、それゆえに閉じた社会から排除された人の生命へと向かうベクトルでもある。

すき間への声かけは開かれた社会を志向する運動である。そしてこれは私たちがしばられている閉じた社会とは質を異にする世界を志向する運動である。なぜ突飛にも見えるベルクソンの議論を参考にするかというと、通常なじんでいる社会・政治とは全く異なる作りを持つ異質な世界を志向しているという点を強調するためである。とくに社会的開放性が、規範による社会とは異なる世界であることを強調するため、そして集団の作られ方の本質的な違いを浮き彫りにするためである。社会的包摂では不十分であり、社会的開放性が必要になるという議論を哲学史的に基礎づけることを試みた。ところで、「開かれた社会」という言葉を「社会的開放性」へと言いかえる理由として、もともと「社会的包摂」を鋳直すことが目的であること、実体ではなく開いていく運動に力点を置いていること、ベルクソンだけでなく次に見るようにレヴィナスやジェイムズからもアイディアを引き継いでいることが挙げられる。

4　レヴィナスの顔

開かれた社会を出会いから描く

レヴィナスの「顔」という奇妙な言葉は、開かれた社会を異なる角度から描いたものだろう。世界全体からではなく、一期一会の出会いの場面から開かれた社会を描いたのだ。

顔が登場する『全体性と無限』では、他者は「高み」から「教える」と同時に、他者は「悲惨」であり「貧しい」という一見すると矛盾した説明を取る。

他者の裸性と悲惨さのなかにある〔顔の〕命令が、〔ハイデガー〕存在論を超えて他者への責任へと命ずる。[20]

他の人の超越、卓越性、高さ、高貴さは、その〔顔という〕具体的な意味においてその人の悲惨さ、寄る辺なさ、異邦人としての権利を含みこむ。[21]

表現はそれ自体顔の現前であり、呼び声であり教えであり、私との関係を持つことであり、倫理である。[22]

すき間に置かれた悲惨のなかにいる人が、マジョリティ側にいる私に切迫すると同時に、まさにそのことによって私に教えるということだろう。つまり困窮した他者から私たちは否応なく取り憑かれており、その人から学ぶことで取り憑かれた私たちは主体となる。レヴィナスにおいては他者の悲惨さに目を背けることができないことこそが人間存在の定義となる。

かすかなSOSと顔

レヴィナスを真に受けるなら、かすかなSOSへのアンテナとは、そもそも他者の顔によって取り憑かれていることが人間の本性であることからくる必然である。さらに、〈すき間にいる人の顔によって取り憑かれること〉を自己の定義とするときには、すき間の人を感知して働く一回一回のSOSへのアンテナの働きが、私が私になる出来事であると同時に、他者の拡がりとして世界の地平全体がたち現れることを指し示す。

そしてレヴィナスは悲惨な他者の顔が現前することを、高みからの教えと同一視する。「教えは、生徒がまだ知らないことを師が生徒にもたらす言説である[23]」のは、悲惨はすき間から呼びかけるからであり、すき間とはマジョリティ側の私が知らない悲惨だからだ。それゆえにすき間に追いやられた人こそが私の師となる。

実際、私が出会った西成区の子ども支援のみなさんは、困難な状況にある子どもや母親から「教わる」と繰り返し語った。つまり「悲惨」な状況にある他者に切迫され、「教わる」。そしてそのような他者へとつねに身を開いてしまっているのだ。こどもの里の荘保さんとにしなり☆つながりの家の川辺さんの言葉を引用する。

荘保さん　私の知らない世界のなかで、私が出会ったその子どもたちが教えてくれたことで。教えてくれて、私に教えてくれた子どもたちが持つ力ですね。それが、実は子どもの権利やったっていうことを、思うんです。

〔…〕私はどんなことがあっても地域の中で子どもと親が一緒に生活する、それを地域で守るってことがどういうことなのかっていうことを本当に教えてもらいました。[24]

川辺さん　私この食堂やりながらね、子どもたちもそうですけど、「あの親はもうとんでもない親や」と言われてるお母さんたちからね、いろんなこと教えてもらってるっていうのがね、ほんまのところで。

子どもたちに私が関わるなかでいろんなことを教えてもらってるんかなっていうのはあります。

村上　どんなこと？

川辺さん　どんなこと、まあ例えば、自分が当たり前に常識やと思ってる、自分のなかのまあ、人を見るものさしのようなね、そういうのんで、人を知らない間にこう測ってる。世間一般の常識で、その子を測るというか、そういうことを自分のなかでしていたんやなあっていうのが。(25)

川辺さんも荘保さんも、「子どもたちが教えてくれた」と語る。具体的には、子どもが「教えてくれた」ことで、こどもの里は、シェルター機能やファミリーホームを作り、家出をしている子どもが抱えている虐待の可能性に目を配り、夜回りをして路上生活者のサポートをし、高校生年齢の子どものための自立援助ホームを立ち上げるというように、機能や活動そのものが変化していっている。つまり支援者そのもののあり方までも作っている。子どもが教えてくれたことで荘保さんは荘保さんになっていったのである。つまりすき間によって呼ばれること、かすかなＳＯＳへのアンテナを持つことが、荘保さんの主体そのものを生み出している。そしてこのような構えは荘保さんや川辺さんだけでなく、この地区の多くの人に共有されている。

レヴィナスはその後『存在の彼方』（一九七四）にいたると、他者は私の内蔵に入り込んでいるという空間的にねじれた対人関係を主張し、「近さ」と名付けた。そして他者が私に対して命令を発するより前に私はその命令を聞き取ってしまっているという時間的なねじれも主張し、「アナクロニズム」と呼んだ。空間的にも時間的にもねじれが生まれ、他者がつねに主導権を持って私に取り憑いている。このような時空間のねじれこそが、他者との関係の時空間となる。私たちはいつでもすでにすき間から呼ばれてしまっているのだ。

これはベルクソンの開かれた社会を別の視点、現象学的な一人称から見た姿だろう。ベルクソンは俯瞰的に全人類への愛を論じたのだが、それを一人ひとりの視点から見ると、私たちの誰もがすでにすき間にとりつかれていたという事態なのだ。社会的開放性に類する発想はレヴィナスにはないので、レヴィナスをわざと曲解している面もあるだろう。(26)しかしこれは具体的な事実に即して考えている本書の議論が示す帰結である。〈かすかなSOSへのアンテナ〉という主体のありかたの内側に、〈社会的開放性〉という地平が織り込まれている。主体の点のなかに全世界が取り憑いて含みこまれてもいる。社会的開放性は円で囲い込む社会制度を無限に乗り越える広さをもつが、同時に主体の点のなかにつねに取り憑いているようなものでもある。

本章では、かすかなSOSへのアンテナがどのような世界を開いていくことになるのかについて、哲学的な素描を行った。ベルクソンの開かれた社会とレヴィナスの顔を導き手としながら、社会的包摂とは異なる世界を提案した。すき間の探索が全面化し、すき間からの潜在的な声が前提となったときの世界の姿を社会的開放性と呼んだのだった。次の第11章では、社会的開放性が、具体的な制度や組織となるとしたらどのようなものになるのかについて考えていきたい。

注

（1）稲葉剛、『閉ざされた扉をこじ開ける――排除と貧困に抗うソーシャルアクション』、朝日新書、二〇二〇、Kindle版、No. 2129–2134。
（2）松本俊彦編、『「助けて」が言えない』、前掲書。
（3）木村泰子、『「みんなの学校」が教えてくれたこと――学び合いと育ち合いを見届けた3290日』、小学館、二〇一五、五二頁。

（4）総務省統計局、「労働力調査（詳細集計）、二〇二二年平均」、二〇二三年二月一四日、https://www.stat.go.jp/data/roudou/sokuhou/nen/dt/pdf/index1.pdf（二〇二三年三月一七日閲覧）。

（5）少し古い統計だが、二〇一二年に一六・一%という数字を厚生労働省が出している。内閣府／総務省／厚生労働省、「相対的貧困率等に関する調査分析結果について」、二〇一五年一二月八日、https://www.mhlw.go.jp/seisakunitsuite/soshiki/toukei/dl/tp151218-01_1.pdf（二〇二三年三月一七日閲覧）。

（6）阿部彩、『子どもの貧困』、岩波新書、二〇〇八。

（7）マルティン・ハイデッガー、『ハイデッガー全集二九、三〇　形而上学の根本諸概念――世界‐有限性‐孤独』、川原栄峰、セヴェリン・ミュラー訳、創文社、一九九八、三三九頁。

（8）マルティン・ハイデガー、『存在と時間』、細谷貞雄訳、ちくま学芸文庫、一九九四、一六一‐一六二頁。

（9）同書三一九、三四九頁。

（10）斎藤幸平、『人新世の「資本論」』、集英社新書、二〇二〇。

（11）アンリ・ベルクソン、『道徳と宗教の二源泉』、合田正人、小野浩太郎訳、ちくま学芸文庫、二〇一五。

（12）同書四〇頁で引用されているシェイクスピアの『マクベス』。

（13）同書。

（14）同書。

（15）同書五〇頁。

（16）同書五一頁。

（17）同書三二〇頁。

(18) 同書六〇頁。
(19) 同書六三頁。
(20) レヴィナス、『全体性と無限』、前掲書、iii頁、村上による試訳。
(21) 同書七四頁、村上による試訳。
(22) 同書一九八頁、村上による試訳。
(23) 同書一九六頁、村上による試訳。
(24) 拙著、『子どもたちがつくる町』、前掲書、六〇頁。
(25) 同書一二六頁。
(26) とくにレヴィナスは顔との関係を一対一の場面でのみ考え、三人以上の複数の人がいる「正義」の水準ではこのようなねじれた倫理的関係が緩和されると考えている。本書の議論は、顔との関係から社会的開放性という他者全員の地平へと直接展開している。こうすることで、レヴィナスが決して言及することがなかったライプニッツのモナドロジーのような議論展開となる。つまりモナドは全宇宙の窓となるのだ。

第11章　ユニバーサルなケア

1　ユニバーサルな居場所

ユニバーサルデザイン

今まで、制度のすき間に追いやられて生存を脅かされている人たちとどのように出会うのかということをテーマにして考えてきた。このときすき間はまずは制度のすき間であった。逆に言うと日本の社会制度は構造的にすき間を生み出さざるをえない。たとえ社会的包摂を謳ったとしても、ある福祉制度が適用範囲を診断名・障害の度合い・年齢といった基準で区切ったときには、必ずそこから外される人が生まれる。基準すれすれの人たちはすき間に追いやられる。「包摂」という発想が、たとえば障害を持った人を支援するというパターナリスティックな発想を取ったときには、必ず制度の境界線上から漏れてしまう人が生まれる。

ところが第10章でめざすべき理念の方向から考えたときには、すき間は閉じた社会の向こう側に見える社会的開放性を告げる前触れとして見えてきたのだった。

福祉制度を使える人の範囲を決めたときにすき間が生まれる。そもそも「範囲」というものがなかったら制度的なすき間は生じない。「全員」を対象とする制度や施設が充実していたとしたら、制度によるすき間は生じない。

たとえば、ユニバーサルデザインと呼ばれる道具や空間は、「全員」が使えることを可視的に実現しようとしたものである。階段しかない建物には、歩行に困難を持つ人や車椅子ユーザーはアクセスできない。玄関に段差があったらそもそも建物に入ることすらできない。段差をなくし、スロープ、広いエレベーター、手すりや多目的トイレが始めから整っていたとしたら、潜在的に移動可能なすべての人が、現実的にその建物を利用可能になる。器質的な障害 impairment は問題とならなくなる。つまり機会にアクセスできないことしての社会的障害 disability ではなくなる。潜在的な力を最大限現実化するのがユニバーサルなデザインだ。これはヌスバウムが主張したケイパビリティを最大化するということでもある。ヌスバウムが提案したケイパビリティのリストは①生命の保持、②身体の健康、③身体の不可侵性、④感覚・創造力・思考力を用いる自由、⑤感情（愛情や悲哀）をもちうること、⑥実践理性、⑦連帯、⑧動植物や自然界との共生、⑨遊び、⑩自分の環境の政治的あるいは物質的管理だった。[1] これらそれぞれにおいてそれぞれの人にとっての可能性を現実化することを追求することが社会に求められるのだった。たしかにこの可能性を完全に実現することは難しいが、しかし資源の最大化という方向性での理念を示している。

すべての人にとって利用可能な道具や制度であれば、原理上はすき間は生じない。

繰り返すと、社会のすき間を発見していくプロセスは、すき間を生み出さない狭義の環境整備だけでなく社会制度も含めて構想されるユニバーサルデザインと補い合う関係にある。ユニバーサルデザインは建物や道具の設計だけでなく、すき間を生み出さない社会の仕組み全体のメタファーたりうる。ユニバーサルな制度設計のもとでは、困難を抱えた人からのアクセスが容易になる。もちろんこれは理念であって、現実の社会はさまざまな障壁を抱え込んでいる。しかしとはいえ理念を持たないと一歩ずつ進むべき方向性も見えないだろう。前章で提案した社会的開放性は、ユニバーサルな制度設計を要求する。

議論は二段階になる。局所的な居場所に必要なユニバーサルな側面、そして社会全体の制度としてのユニバーサルな側面である。すべての人が利用する資源という視点から、いち早く環境や社会制度を考えたのが、経済学者宇沢弘文の「社会的共通資本」の思想であった。そしてもれなくすべての人に基本的なサービスを届けるという視点から制度設計を考えたのが財政学者井手英策の「ベーシック・サービス論」である。

すき間のヤングケアラーと居場所

社会的包摂はマジョリティからマイノリティへという方向性を持つ運動である。マジョリティの側にいる行政や支援者が、すき間に落ちる人をできるだけ減らそうとする試みだからだ。マジョリティが自らのマジョリティ性を意識してマイノリティの差別・排除を抑止する制度設計（たとえば差別禁止の法制化）も重要だが、同時にマジョリティからマイノリティへという動きとは異なる視点と制度設計もまた必要なのだろう。前者は当事者自身の声と運動に結びつくが、後者はそもそもすき間というものを生まない制度設計というものを考える方向性だろう。

身近な例で考えてみよう。ヤングケアラーという子どもたちの存在が話題になっている。彼らは親やきょうだいの介護をし、家事を手伝い、心理的なケアを行うことで、ときには学ぶ時間や遊ぶ時間を奪われ子どもが持つはずの権利を享受できない存在である。ヤングケアラーを発見することが現在教育行政の大きな話題となっているが、学校で行われるアンケート調査などで名乗り出ることができる子どもは限られているだろう。子どもは、自らが陥っている困難に気づくことも難しく、ましてや語りだすことはまれである。まして行政が設け始めている相談窓口に自主的に頼る子どもが増えることは考えにくい。

とすると支援する立場にある大人が見つけるアンテナ、そして子どもがなにかの仕方でSOSを出しやすい環境が必要だ。たとえば地域の児童館や子ども食堂などが見つけるための場所となりうるわけだが、隠れて困難に陥っている子どもを選び出して集めることは原理的に不可能である（そしてそのような場所を避ける子どももでてくる）。つまり、「すべての子どもが気軽に遊ぶ場所」であるかぎりにおいてのみ、SOSを出さないままに困難に陥っているすき間の子どもとも出会えるだろう。もともと誰でも遊ぶことができるユニバーサルな居場所を持っていたからこそ、困難に陥ったときにも助けを求めることができる。私が大阪市西成区でのフィールドワークで出会ったのはこのような居場所だった。

すき間を探索する営みは、すべての人をカバーするユニバーサルなケアの可能性が開かれていることと連動している。[2] 一人ひとりの子どものSOSを聴くためには誰もが集《つど》えるユニバーサルな場所が必要であるし、眼の前の一人の子どもの声を聴くことができないとしたら普遍的なケアにも届かない。一人ひとりの子どものSOSをキャッチし、一人のこどもの声を尊重するためには、そもそも無条件に誰にとっても安全な場所、誰もが声を出しうる場所が可能性として開かれている必要がある。つまり開かれた社会の可能性がすき間の探索を可能にするのだ。

誰もが集まる居場所と教育

すき間に追いやられた人と出会うためには、出会うための歩行とともに、誰もが安心して集まりうる場所の両方が必要である。島根県松江市で子ども食堂を調査した佐藤桃子は、貧困に焦点化する施設を作ることでスティグマを生むことを指摘している。

貧困という言葉には、ラベリングとスティグマの問題がついて回る。つまり、貧困という言葉によって容易に「お腹を空かせたかわいそうな子ども」というレッテルが貼られてしまう。〔…〕Bさんたちは子どもの居場所をつくる活動で、「皆で（子どもを）仕切りなしに育ててきた世界」、つまり近所の人に怒られたりお菓子をもらったりした地域社会を想定している。「貧困」という言葉を捉え直し、地域での関係性を復活させることで、「気持ちの中の貧困」を解消する事ができる。そこで「仕切りなしに子どもを育てる」ことは、「貧困」という言葉の仕切りを外すことにもつながるだろう。(3)

「貧困」という言葉を使うことでスティグマを生むということは、子ども食堂に来にくくなる人を生むということであり、つまりすき間を生むということだ。しかも来にくい人は、実際に困っていてそのことを気にしている人だろう。逆に言うと誰もが気兼ねなく集まり楽しめる場所においてこそ、困難を抱えた人もそこに集うことが可能になる。無条件に誰にでも開かれたユニバーサルな場所とユニバーサルなケアの可能性が確保されてこそ、語り出せない困難を抱えている人もまた、誰かとつながることができるようになる。

いかにしてすき間に追いやられた人と接続しうるのか、というところから問いを立てて議論を始めた私たちだったが、長い議論を経て、つながるための土台として「誰もが」というユニバーサリズムに突き当たった。このユニバーサリズムは「みんなともだち」「同じ人間として」と主張することで厳然と存在する差別を隠蔽するような視点のことではない。第Ⅱ部第7章でヌスバウムによるロールズ批判を検討したときに、「同じ人間」を前提とする社会契約論的な発想（これは自由競争と自己責任を強調する新自由主義的な世界に通じている）がまさに、差別・障害にふたをすることで排除を生み出す思想だということをみた。むしろ西成の子どもの居場所が、年齢や障害・国籍にかかわらず誰もが遊ぶ場所であるように、差異があることを前提としてなりたつ「誰でも」集まる場所であろう。

ユニバーサルなケアの場所を議論するために暫定的には三つの水準を考えることができる。

まずは差別や障害に苦しんでいる人がそのような差別や障害を解除する場所として居場所は機能してきただろう。しかし居場所だけでは社会全体において差別や障害による社会的な障壁が解消されるわけではない。社会全体へと拡大していくためには、なによりも教育において人権、差別の禁止といったことが学ばれ、教育現場になかで実現することがまずは根本的な問題としてあるだろう。ユニバーサルなケアが実現した世界はどのようなものなのか、その理念は何なのか、それは繰り返し教えられて共有されないと、そのような場所の実現には近づかないのだろう。そしてこれは私自身二〇〇八年に大阪に転居した後に初めて学んだことでもある。

かすかなSOSへのアンテナと対になるようにしてすべての人が対象となるユニバーサルな場が考えられるが、まさに私が西成区の子育て支援で学んだことは、SOSを感じ取る実践、目の前の一人の子どもに向き合いつづける実践が、チームであるからこそ可能になること、そして地域全体で子どもの権利条約の理念が共有されていることと相補的な関係にあることだった。子どもの権利条約が謳う子ども「誰もが」人種や障害にかかわらず差別を受けないという理念がOJTの教育によって共有されることが実践全体の支えとなっている。

①（家ではないサードプレイスである）小さな居場所で誰もが集うユニバーサルな環境、②（現状まったく実現されていないが）教育における社会全体での人権の理念の実現と共有、③最後に次節から議論する、国家制度的なユニバーサルなケアの追求が必要になる。

2　社会的共通資本とユニバーサルなサービス

社会的共通資本

国家、あるいは世界の規模でのユニバーサルなケアが次の話題となる。この点について先見の明を持っていた宇沢弘文をまず取り上げたい。

高度経済成長期は、日本経済が右肩上がりで成長する一方で、水俣病やイタイイタイ病といった深刻な公害、全国の多くの大都市で発生した光化学スモッグなど、日本の住民全員に工業化の否定的な影響が見えはじめた時代だった。この時代に活躍した経済学者宇沢弘文は、自動車の社会的費用——もっというと、普及していく自動車が社会に及ぼす害悪——について考察することを通して、社会的な共通財、コモンズについての意識を強めていった。[4] 厚生統計によると一九七〇年（昭和四五年）の交通事故死は、二万一五三五人を数えた。[5] つまり交通事故が全国民にとって無視できない危険として認知されていた時代である。

道路のような社会にとっての共通財産については、（一部の恵まれた人だけでなく）すべての人の幸福を保障するためにも不均衡が生じない管理運営が必要であるというのが宇沢の大きな主張である。たとえば、道路交通の効率と利便性ではなく住民一人ひとりの幸福から道路政策も考えるべきだというのだ。社会的共通資本という概念はこのような発想から生まれた。

社会的共通資本は、一つの国ないし特定の地域に住むすべての人々が、ゆたかな経済生活を営み、すぐれた文化を展開し、人間的に魅力ある社会を持続的、安定的に維持することを可能にするような社会的装置を意味する。社会的共通資本は、一人一人の人間的尊厳を守り、魂の自立を支え、市民の基本的権利を最大限に維持するために、不可欠な役割を果たすものである。社会的共通資本は、たとえ使用ないしは私的管理が認められているような希少資源から構成されていたとしても、社会全体にとって共通の財産として、社会的な基準にしたがって管理・運営される。(6)

宇沢は、すべての人の益になるように社会は構想されるべきであり、弱者・周縁を気づかいながら経済を運営するべきであるという強い主張を持つ。

宇沢の議論の大きな特徴は、経済や制度に関わる財の公平なシェアだけでなく、道路のようなインフラストラクチャーや自然環境の保全と共有というエコロジカル〔生態学的〕な視点からも公平性の問題を考えていることだ。労働価値にもとづいた財の共有に立脚するマルクス主義経済とは一線を画し、宇沢はケインズ経済学から出発した上での公共性を主張する。

社会的共通資本は、自然環境、社会的インフラストラクチャー、制度資本の三つの大きな範疇にわけて考えることができる。自然環境は、大気、水、森林、河川、湖沼、海洋、沿岸湿地帯、土壌などである。社会的インフラストラクチャーは、道路、交通機関、上下水道、電力・ガスなど、ふつう社会資本とよばれているものである。〔…〕制度資本は、教育、医療、金融、司法、行政などの制度をひろい意味での資本と考えようとするものである。(7)

誰の生存にとっても必要な基盤は、国家の責任において保障しないといけない、と宇沢は考えた。そしてこの生存に関わる基盤は、経済的な配分の均等だけでなく、自然環境、社会的な環境整備（社会資本）、そして医療、教育、介護といった制度的な基盤の保障も含んで、すべての人にとって利用可能かつ益があるべきだというものだ。狭義の対人ケアだけでなく、エコロジカルな視点でケアのユニバーサリズムを構想したものであり、気候温暖化が生存を脅かす深刻な問題となっている現在を見通した予言的な議論だった。

宇沢が社会的共通資本のアイディアを思いついたのは、先述のように自動車の社会的効用についての研究からだった。より正確には自動車社会の進展が引き起こした交通事故の増大や歩行者への不便、公害をとおして、社会と自然環境にもたらす害悪についての研究を行ったことによる。（個人あるいは資本の）欲望にもとづいた経済活動が、生存の基盤を脅かすという認識が、社会的共通資本の思想の背景にある。宇沢は全国の公害や自然破壊が行われた現場を実地で調査しながら、社会的共通資本を構想した。住む人全員の生活と安心を満たせる環境を保障するという思想が徹底したときには、個別的なケアから自然環境にいたるまでの、ユニバーサルなアクセスが必要だというのだ。誰もが基本的なサービスと環境へと安心してアクセスすることが保障される社会をめざすべきだという主張である。

一つ補足すると、宇沢の議論の射程は制度論には限らない。つまり国家の働きによって社会的共通資本を守る主張であるだけではなく、ボトムアップなコミュニティの生成としても考えることができる。実際、小さなコミュニティのなかで資源の共同利用を実行しようとする人たちは各地に生まれてきている。そもそもかつて無文字社会においては資源は共有されており、社会的共通資本が前提となるなかで循環経済がなりたっていた。社会共通資本のアイディアは、かつて存在していた小さなコミュニティの持続可能性を国家の水準へと拡大して考えるボトムアップの社会思想でもある(8)。

アマルティア・センに想を得たマーサ・ヌスバウムがケイパビリティ概念を軸にして弱い立場に置かれた人の権利擁護を主張することを第Ⅱ部第7章で検討した。ヌスバウムの議論の前提として、すべての人にとっての生活と安全を可能にするというユニバーサルなケアを実現しうるという可能性が土台になっている。つまり宇沢の先見の明は、現代の議論を照らすものとなっている。

ベーシック・サービス

宇沢弘文の社会的共通資本の概念からは、社会的なインフラから自然環境にいたるまでの共通財を保障するというユニバーサルな社会保障概念の源泉を見て取ることができた。とはいえ、すき間がないしかたで、すべての人の生活を保障できる制度など実現できるのだろうか？　この問題について一つの提案をしている井手英策の議論を見てみたい。

財政学者の井手英策は、全国民に金銭を配るベーシック・インカムではなく、医療・福祉・教育といった生きていく上で必要な基本的サービスを無償で提供するベーシック・サービスを提唱している。現金を配るベーシック・インカムが財政上非現実的であるのに対し、ベーシック・サービスは消費税を一六％に増税することで実現可能だと井手は主張する。医療・福祉・教育など基本的な生活に関わるサービスを無償化することで、貯金をしなくても失業したとしても、病や障害を持っていたとしても、誰でも安心して暮らすことができる社会をめざそうというのである。

ベーシック・サービスがすべての人びとに保障されれば、生きていく、くらしていくための万人の「必要（ニーズ）」が満たされる。端的に言えば病気をしても、長生きしても、子どもをたくさんもうけても、さらには貧乏な家庭に生まれても、障がいをかかえても、すべての人たちが人間らしい「生活」を享受できるようになる。

くらしを保障しあう社会とは、じつは人間の尊厳を公平にする社会である。なぜなら「救済される領域」が最小化されるからである。これを僕は「尊厳ある生活保障」と呼ぶ。

医療や介護、教育の自己負担を軽くできれば、その分、生活保護のなかの医療扶助、介護扶助、教育扶助はいらなくなる。所得審査を必要とする現金に寄る救済は、人様にごやっかいになったという屈辱を人間の心にきざみこむ。

反対に、これらをすべての人たちへのサービス給付に置き換えていくことで、だれかを救済する社会ではなく、みんなの権利をみとめあう社会へとかえていくことができる。(9)

「「救済される領域」が最小化」というのは一見すると逆説的な表現に見えるかもしれない。本書はすき間を見つけて支援することを軸にして考えてきた。しかし井手は「支援」や「救済」というスタンスが上から目線のものであり、支援を受ける側に劣等感や罪悪感といったスティグマを残すものであるという視点をとっている。ユニバーサルなケアが実現した世界は、全員が無条件でケアサービスを利用する世界でもあるから、「支援してあげる」という上から目線のパターナリズムがなくなることになる。ケアサービスを利用する側もうしろめたさがなくなる。

もう一つ大きいのは、生活保護や児童手当をめぐる現在の議論で典型的であるように、弱者救済の施策に対してマジョリティ側がつねに反発することだ。もし全員が同じサービスを利用できるならば文句はなくなるはずだ。

教育の無償化、医療費の無償化、福祉の無償化これらは、いくつかの自治体ではすでに試みられつつあるが、すべての人のケイパビリティを最大にするための必要な条件ではないだろうか。つまりアマルティア・センやマーサ・ヌスバウムが唱えたケイパビリティ概念の延長線上にある。経済的な困難を抱え、障害や病を持っていたとしても、必要なサポートが得られる社会においてはじめて、どのようなハンディキャップを持った人も自分の願いを実現することが望みうるようになるだろう。そしてこのサービスは国籍や経済水準あるいは障害の有無に限らず誰にでも適用されるべきである。

繰り返すと、井手はベーシック・サービスが、「屈辱」を生まない政策であるという。弱い位置に置かれた人のために特化したサービスはそれを受ける人にスティグマを生む。このことは非常に困難な生活を強いられているのにもかかわらず生活保護を受給することを拒む人が少なくないことで確かめられる。

子ども食堂についても「貧困家庭向け」にしてしまったら、困っている家庭の子どもはかえって訪れにくくなってしまう。私が経験した事例では、他県から西成区に移住してきた生活保護の親子が、区役所で手渡されたチラシをもとに子ども食堂を訪れ、一番居心地がよかった私のフィールド先の常連となり、窮状が主催者の目に止まったことで手厚い生活支援が始まったケースだ。母親はぞんざいな応対をするヘルパーに激怒したこともあり、支援者然としたやりとりを非常に嫌っていた。子どもであれば誰でも参加できて親も頻繁に訪れる食堂だったからこそ、そしてわけへだてのない人付き合いをするスタッフだったからこそこの食堂を利用できたのだ。

多くの子どもたちが東京を中心とした大都市に移り住む理由は、都会へのあこがれもあるでしょうが、偏差値の高い大学が都市に集中しているからですよね。

ベーシック・サービスがめざすのは、こうした社会の価値観を変えることです。いまの日本では、年収300万円で生きるのは大変です。この年収で何人かの子どもを産み、育て、大学にいかせようと考えるのはかなりハードルが高いです。

でも、大学の学費がいらなくなり、老後も医療や介護の心配のない社会になったとしたらどうでしょう。僕の収入が150万円、パートナーの収入が150万円、それだけあれば、ぜいたくはできなくても、安心して生きていけるでしょう。そして、生まれ育った故郷で生きる自由を手にします。そうすれば、少子化や東京一極集中などの問題も、グッとやわらぐはずです。(10)

医療や福祉、教育は私たちの全員、まぎれもなく全員が人生の一定期間において必要とするものである。これらが保障されることで、貧困や障害にまつわるすき間を生み出すことをある程度防ぐ。大事なことは、困っている人への現金給付では、もらう人ともらわない人のあいだですき間が生まれ、給付を受ける人にとってスティグマ化するということだ。

あらかじめサービスを全員に保障することで、サービスにアクセスできないすき間を生み出さないという発想の転換が必要になる。つまり全員への福祉をめざすことと、すき間の探索の条件とは同じ基盤を持つのだ。たとえば序章で登場した一七歳の少年は、児童福祉法の年齢制限の一歳手前だったことで児童相談所のサポートを受けられなかった。もし年齢にかかわらず困窮している人のサポートの仕組みが整っていたら、そんなすき間は生まれない。

国籍その他の条件にかかわらずサービスを受けられるように設計できるわけだから、医療・福祉・教育といった提供可能なサービスに関しては、理念的にはすき間が生まれないようにできるはずである。井手の主張は、理念を具体的な議論の俎上に載せた点で大きな価値がある。ユニバーサルなケアを制度的に実現した社会の具体的なイメージを井手は与えてくれた。ベーシック・サービス的な発想はいくつかの自治体の子ども施策で試みられており、人口の増加などの効果を上げている[11]。

現在多くの福祉的な施策が収入や年齢や家族構成などの「条件」をつけている。つまり囲い込んで排除を生み出す。あるいはある一定の年齢や一定の所得に達するとサービスが受けられなくなるような条件、あるいは生活保護の扶養照会のような心理的な嫌がらせによる条件をつけて人々を尻込みさせる。そうではなく、「無条件」のユニバーサルな権利として設定する必要がある。ユニバーサルなケアは「無条件性」をその条件の一つとする。国家の側が国民の「自己責任」を問う姿勢と、福祉制度に「条件」を設けてすき間を生んできたことが、現代日本においては連関して働いている。

本章の要点を最後にもう一度繰り返す。誰もが通える居場所があるからこそすき間に追いやられた人がSOSを出すこともでき、SOSはすぐに発見される。さらに、無条件のユニバーサルなサービスが実現していたらそもそもすき間が生じにくくなる。おそらくこのすき間の一人へと向かうミニマムな眼差しと、誰も助かるというユニバーサルなケアの社会的開放性は補い合う関係にある。そして両者をつなげ、現実化していくためには、この理念を共有していく必要があり、その意味で教育の役割は大きい。

本章で試みた理念的な姿の提示は重要であるが、しかし現状は眉唾であるのも事実である。最後の第12章では、いくつかの困難の記述とそれに対する提案を行って本書を終えたい。

注

（1）ヌスバウム、『正義のフロンティア』、前掲書、九〇‐九二頁。

（2）ユニバーサルなケアは、ケア・コレクティヴ、『ケア宣言――相互依存の政治へ』、岡野八代、冨岡薫、武田宏子訳、大月書店、二〇二一で提案されたものである。

「組織の中心原理としてケアという理念を真剣に考える世界について、革新的な一つの構想を提示してみたいと思います。その理念は、あまりに長きにわたって、拒絶され、否認されてきたからです。こうした構想によって、「普遍的（ユニバーサル）ケア」という一つのモデルが現れてきます。すなわち、私たちの生のあらゆる局面において、ケアが前面にかつ中心に置かれる社会という理想像です。ユニバーサル・ケアとは、そのいかなる形式・実践においてもケアが、私たちの第一の関心事であり、単に家内領域だけでなく、その他のあらゆる領域、すなわち親族からコミュニティ、そして国家から地球に至るまで優先されることを意味しています。」（同書三四頁、「ユニヴァーサル」を「ユニバーサル」に変えた）

（3）佐藤桃子、「仕切りを外すつながりづくり――地域の子ども食堂と学習支援の取り組みから」、村上靖彦編、『すき間の子ども　すき間の支援――一人ひとりの「語り」と経験の可視化』、明石書店、二〇二一、一二六－一二七頁。

（4）宇沢弘文、『自動車の社会的費用』、岩波新書、一九七四。

（5）内閣府、「道路交通事故の長期的推移」、https://www8.cao.go.jp/koutu/taisaku/h30kou_haku/zenbun/genkyo/h1/h1b1s1_1.html（二〇二二年二月一〇日閲覧）。

（6）宇沢弘文、『社会的共通資本』、岩波新書、二〇〇〇、四頁。

（7）同書五頁。

（8）斎藤幸平、『ゼロからの『資本論』』、ＮＨＫ出版、二〇二三はそのような発想でコモンズとしての社会的共通資本を拡大する計画を語っている。

（9）井手英策、『欲望の経済を終わらせる』、集英社、二〇二〇、一六二頁。

（10）井手英策、『どうせ社会は変えられないなんて誰が言った？――ベーシック・サービスという革命』、小学館、二〇二一、一〇四頁。

（11）泉房穂、『子どものまちのつくり方――明石市の挑戦』、明石書店、二〇一九。

第12章　社会的開放性と傷つけやすさ

1　マジョリティ特権と傷つけやすさ

マジョリティ特権

前章では社会的開放性の根底にあるユニバーサルなケアを、すき間を生まない世界の制度的な条件として考えた。今は理念にとどまるすき間を生まない世界を現実化するためにも、現在障壁になっていることがらについて確認することは意味があるだろう。これが本書最後の話題となる。今までの議論のなかでも、競争主義、管理主義、自己責任論、福祉制度の条件といった障壁が登場したが、もう少し内面化された問題をここでは考える。マジョリティ特権の問題からインクルーシブな環境を作ることの難しさへと議論を進め、これらに対処する実践のメタファーとして「通訳」という概念を提案していきたい。

最後の第12章は私個人の経験にかなり根ざしている。私は今まで多くの人を傷つけてきたという罪悪感とうしろめたさを持っており、このことがすき間を解消することの難しさと連結していると感じられる。つまり私自身には見えなかったさまざまなすき間があり、このことで私が多くの人を傷つけてきたが、おそらくこのことは私がさまざまな意味でマジョリティ属性を持つということ、それゆえに困難な位置にいる人の事情を感じ取ることができなかったということと関わる。

そもそも福祉制度やさまざまなサービスは、マジョリティの側が創り出すものであり構造上パターナリスティックなものである。そしてマジョリティ側が自らの特権を意識することは非常に難しい。まずはこの問題から考えたい。

マジョリティは自らの特権については無自覚であるということが近年強く言われるようになってきた。弱い立場に置かれた人の困難の裏側には、つねに自覚することなく特権を持つマジョリティがいる。私自身も男性であるがゆえに女性が被ってきた不利益には鈍感であり、日本国内で人種差別を受けることがなく、大学に通うことができた実家の経済力、常勤職の大学教員であり、健康に恵まれている、というようにさまざまな特権を享受しているがそれを自覚することは難しかった。加えて問題なのは困難や差別をかかえて苦しんだり怒っている人の言葉を聴いたときに、どこが苦しみや怒りのポイントなのか直観的には摑むことができずに考えこんでしまうことだ。マジョリティ特権について考察してきた出口真紀子は次のように書いている。

ここでは「特権」を、あるマジョリティ側の社会集団に属していることで労なくして得る優位性、と定義する。ポイントは「労なくして得る」で、たまたまマジョリティ側の社会集団に生まれ属することで、努力の成果ではなく自動的に受けられる恩恵のことである。一例を挙げると、「大学に行くのが当たり前」

という家庭に生まれた人には、そうでない家庭に生まれた人に比べて、親も大卒で経済的により恵まれて育った確率が高く、大学は自分がいつか所属する場所であるという具体的なイメージが描ける特権がある。大学に行けるかどうかはもちろん本人の努力や能力によっても左右されるが、そもそも大学に当然行けると思える環境は、本人の努力の成果ではなく、たまたまそのような家庭に生まれたことで得られる社会階級「特権」なのである。

ほかの特権の例には、健常者特権、異性愛者特権、男性特権、民族・人種的特権、シスジェンダー特権などがある(1)。

前章までの文脈に戻って考えると、ユニバーサルなサービスやデザインは、経済格差や障害 impairment へと配慮する仕組みづくり、すき間を生み出すまいとする仕組みづくりではあるが、マジョリティ特権を前提としている。この内的な矛盾は、このようなユニバーサルな設計の社会を無効にしかねない。

たとえば生活保護申請における水際作戦と呼ばれる行為がある。生活保護は制度として誰にでも生活する権利を保障する仕組みであるはずなのに、窓口で些末な難癖をつけて反故にする差別だが、これもマジョリティである行政の担当者は自らが特権的に享受している権利を意識できずに、困窮者が損なわれた基本的な権利の保障をえこひいきのように感じること、そして権利を奪われた人たちを排除しようとする働きだとも言える。水際作戦や家族への扶養紹介は、困窮状態に置かれた人に対する差別意識が背景にある。より悪しきことに、よりによって生活保護という社会的包摂のための制度の運用場面で、差別は「自業自得」「自己責任論」という姿を取る。（表面的には平等主義的な）「おれたちはがんばっている。お前はがんばりがたりないのだから、人に頼る前に自分でなんとかしろ」という差別だ。「がんばっている」ことが事実だとしても、がんばりうる環境こそが特権だ。そして差別されている側は、「自分が悪い」と罪悪感を植え付けられてしまう。

あるいは（在日コリアンや被差別部落やアイヌの出自を持つ人といった）現にヘイトクライムなどを受けている人に向けて、「同じ人間なんだし、仲良くしよう。そんなに深刻に考えることはない」とマジョリティの側が語りかける場面で、「深く傷つけられた」と聞いたことが今まで何度かある。格差がある場面でマジョリティの側から「人類みな兄弟」と語る言葉は暴力なのだ。マジョリティ側が語る「平等」は差別や排除を隠蔽する。格差や差別がある場面で両者を「平等」に扱うことは優利な人をひいきし、しいたげられた人を差別する行為だ。マジョリティとマイノリティの勾配を意識すること、差別が今まさにあることを意識すること、このことは議論の出発点となる。

交差性

ユニバーサルな価値に思えるものが特権階級のエゴにすぎないという指摘は、第三世代フェミニズム、ポストコロニアル・フェミニズムで行われてきたものだった。一見するとマイノリティも考慮した普遍的な価値を主張したように見えて、それはマジョリティに見えている価値にすぎないのだ。ブラック・フェミニズムの代表的な理論家であるベル・フックスを引用する。

マスメディアの〔フェミニズムに対する〕注目は常に、特権階級の女性たちに集まった。労働者階級の女性や大多数の女性たちと密接に関係するような問題を、主流マスメディアはけっして取り上げようとはしなかった。ベティ・フリーダンの『女らしさの神話』は、現状に不満をもつ女性たちが、主婦として家庭内に閉じ込められ夫に従属していると感じていることを、「名前のない問題」と名づけた。この問題は女性の危機だと主張されたが、実際には、それは高学歴の白人女性の危機にすぎなかった。〔…〕特権階級の女性たちが、家庭に閉じ込められることの危険性について不満を述べていたとき、アメリカの圧倒的多数の女性たちは家の外で仕事に就いていた。(2)

フェミニズムは学歴を持った白人女性から始まったが、そこで扱われた問題はマイノリティ女性に当てはまるものではなかった。本連載の文脈でいうと、ユニバーサルということを主張した途端に、それは実はマジョリティの視点であってマイノリティが差別・排除・抑圧されているのではないか、ということを教えてくれたのが、ブラック・フェミニズムやポストコロニアル・フェミニズムだった。もちろん、今これを書いている私自身が特権的な位置にいながらユニバーサルな場所という議論をしようとしている。この事実について自覚的にならないといけないという自戒を含めてのことである。誰にとっても利用可能なユニバーサルなサービスや場所という思想は重要だが、「ユニバーサル」という発想から漏れてしまう人たちがいるのではないかという恐れと、自分がどこかで持っているであろう差別意識と裏表の緊張関係にあるのだ。

交差性という概念は、「先住民」の差別と「女性」であることのマイノリティ性というような多重のマイノリティ属性を強いられることであり、そのような交差性（インターセクショナリティ）からマジョリティ特権を問いただす議論だ。ある面では弱い立場にいる人でも別の面では優位に立っているかもしれない。つまり私たちの誰もが差別する側に立ちうるということでもある。

普遍的な価値を語る言葉はすでに強者の言葉に依存しており、それゆえ弱者の言葉を普遍的な価値によって擁護しようとするときには、容易に強者に都合の良い論理へとすりかえられる危険性をはらむ。(3)ユニバーサルであると思っていてもそれはマジョリティ（ここでは人＝男man）のためのものでしかないかもしれない。さらには白人社会のフェミニストを前にして第三世界の女性たちは発言権を持たなかったという事態について、ミンハは考察をすすめる。「ユニバーサルな」という価値はつねにマジョリティ側の価値観でありマイノリティの発言権と存在を抹消するリスクを持つ。

このことはユニバーサルな価値を主張する場面だけでなく、マイノリティの視点を主張する場面でも生じる。石原真衣は下地ローレンス吉孝との対談のなかで、ベル・フックスをどう読むかという問いを立てながらこの問題を指摘している。

日本のなかには「白人的」日本人と「黒人的」日本人がいると私は理解していて、後者はアイヌや「ハーフ」など、要するに人種化された人たちですね。日本のフェミニズムに対しては、こうしたマイノリティ女性たち――「在日」女性の鄭暎恵さんや、アイヌ女性であればチカップ美恵子さん、また被差別部落女性の運動などからも厳しい批判があったのですが、にもかかわらず、日本のフェミニストは未だに自分たちの人種的な特権性＝「白人性」に気づくことができていない。(4)

フェミニズムを牽引してきた日本のフェミニストたちが社会的な地位を享受したマジョリティであるにも

かかわらず、自分が持っている特権性に無自覚であり、マイノリティ女性に生じる結婚差別やヘイトクライム、貧困やACEsに現れるような社会環境の困難を持たないことをわかっていない（ことにも自覚的でない）ことを問題にしている。その上で自らがマイノリティの代表であるかのように振る舞う暴力について石原は述べている。フェミニズムだけでなく、一般に権利擁護について考える思想や運動において同様のことは生じるだろう。

石原の指摘から（マジョリティ属性を強く持つ私は）何を学ぶべきか？　一つまちがいないのは、マジョリティ側が自分の特権性に気づくことの難しさであり、気づけていない他者の苦境がつねに残ることであり、気づかないことによって「私がつねに誰かを傷つけているのではないか」という恐れを持つ必要があるということだろう。つまり「傷つきやすさvulnerability」ではなく「傷つけやすさ」こそが問われる。

多文化共生？

同様のことは「共生」という言葉についても言える。「多文化共生」は二〇〇六年の総務省による「地域における多文化共生推進プラン」以降、政策的なものとなった。(5) 石原はこの「共生」という言葉が、「マジョリティ側がマイノリティを商品化し消費するものであって、マイノリティ側が「共生」を望むことなどないのではないか」と疑義を呈している。(6) 現在「共生」という言葉を語る人はもっぱらマジョリティだ。文化交流を強調し、背景に横たわる構造的不平等を無視することが「共生」と呼ばれている。(7)

と同時に、全国に先駆けて「共生」のための教育を行っていた「大阪の「多文化共生」のルーツは、同和教育に端を発する人権教育にある」。(8) 大阪では一九六〇年代以来、同和教育、在日コリアンの民族教育やその後の外国籍の子どもたちの教育保障のなかでの反差別と権利擁護の運動として始まったものにその淵源がある。[9] 第Ⅲ部第8章で取り上げた脳性マヒ者の運動である青い芝の会神奈川県連合会も反差別と権利要求のために闘争的な「共生」の要求をしたのだった。つまり共生という言葉のなかに込められていた反差別運動の理念を薄めてはいけないということだ。髙谷幸は、「「反差別」や「人権」という対抗的な理念が「共生」へと無害化されるおそれもある。[10]」と書いている。マジョリティ属性を持つ人と差別を受けてきた人たちとのあいだにある、圧倒的な非対称性を無視して無害化してしまった途端に、「共生」という言葉は口当たりのよい異文化の消費と同化への圧力になってしまうだろう。

同じように社会的開放性やユニバーサルなケアもまた、つねに自己吟味が必要な概念であり、第Ⅱ部第7章で引用したメルロ＝ポンティが「側面的普遍」と呼んだように、つねに死角が生まれる可能性を折り込みながら、そしてつねに人を傷つけてしまう可能性を意識しながら、行きつ戻りつ一歩一歩すき間へとアクセスしようとするしかない。他者の傷つきやすさに気づくこととは、自分自身の傷つけやすさに自覚的であろうとすることと裏表の関係にある。すき間への感受性もまた、傷つけやすさへの自覚をともなうのだろう。

2　ディナーテーブル症候群――気づかずに起きる排除

理念としてのインクルーシブ教育

すき間を探し出会う本書の試みは、当事者から声を出し、場所を作っていく運動との交点を考えて議論を終えたい。居場所は多くの場合何らかの同質性を持った人で構成される。ピアグループという言葉自体にピアの同質性が含まれている。しかしすき間を探索する場面では、極端に隔たった人とのあいだの出会いを可能にする仕組みが必要になる。言い換えるとコミュニケーションを取ることが難しい人同士で居場所を作るための条件を記すほうがよいだろう。その一つがすき間へと追いやられた人の言葉を聴き取り「通訳」する可能性だ。

社会的包摂の文脈のなかにインクルーシブ教育という発想がある。障害を持った子どもと健常な子どもが単に同じ教室で学ぶだけでなく、障害を持つ子どもも含めて全員に学ぶ機会を保障し、障害を持つ子どもと持たない子どもが交流する教育だ。戦後の日本は養護学校と特別支援教育を推進したために、一旦は障害を持った子どもを分離していく方針が取られた。しかし現在では普通級のなかでさまざまなハンディキャップを持った子どもも過ごしつつ、必要に応じて特定の教科を通級指導教室で学ぶことも多い。インクルーシブであることは重要であるし、この仕組みがうまくいくことも多いだろう。

インクルーシブであるということは、単に一緒にいることを意味するインテグレートではなく、障害・貧困・LGBTqなどマイノリティ属性を持った子どもがマジョリティの子どもと同じように学ぶことができる環境が準備されているということである。差別を受けることなく、障害によって機会が削がれることもなく、誰もが望む学習を行い友だちと遊ぶことができるということである。

私たちが目指すインクルーシブな社会とは、1人ひとりの違いが格差や排除を生み出す社会ではなく豊かさを生む社会です。社会の中で多様な存在が大切にされ、認め認められる関係性があってはじめて、私たちは「life（生命・生活・人生）」を確保することができるのです。(11)

学習の機会と友だちを得るために、本人や家族に特段の努力を強いる状態はインクルーシブとはいえない。あるいは「みんなのことも考えなさい」というような言葉で、障害を持ち合理的配慮を必要としている学生を叱責する場面に私も出会ったことがあるのだが、これはインクルーシブな教育に対立する言葉である。

インクルーシブ教育の困難

しかしインクルーシブ教育への志向は、理念だおれに終わる危険性もある。福祉の視点から教育を論じてきた桜井千恵子は、能力主義に偏重した教育現場においては、インクルーシブな教育という理念が反故にされると論じつつ、次のように述べている。

この能力主義は「排除」や「差別」も促している。

障害や学力をツールに、普通学級から子どもが追いやられ、特別支援学級に在籍する子どもが増えている。集団行動な苦手な子どもに対し、学校や教育行政が「個別支援が受けられる」という名目で誘うことが多いが、いじめを恐れて親が望むケースも有る。いずれも普通学級から排除されていることに変わりはない。

多忙化によって教員に余裕がない学校現場では、クラスのなかに一人でも対応が難しい子どもがいると「課題のある子」とされて支援学級へ誘導される傾向がある。子どもにも「あの子は障害があるから別のクラス」という「常識」を植えつけている。そして、親は普通学級がいじめという排除を生み出す場であると懸念するからこそ、支援学級を選ばざるを得なくなっている。(12)

私にはインクルーシブ教育を批判する意図はない。そうなのだが、社会全体が能力主義と競争に支配されている場合、マジョリティとマイノリティが交流する場面での排除やパターナリズムは、構造上避けることが難しい。教室が能力主義に染まっているときにはハンディキャップを持つ子どもにとって居心地の良い場所とはなりにくいだろう。そもそも能力主義を追求したときには成績によって差別化されるわけだから、教科についていくことが難しい子どもにスティグマを刻むことになる。そしてニーズを持つ子どもをサポートする体制が整っていない現状では合理的配慮に欠ける。つまりインクルーシブではない。

ディナーテーブル症候群

このような困難は知的障害や発達障害だけの問題ではない。たとえばろうの学生は手話通訳やノートテイクがない限り授業を受講することも不可能であり、インクルーシブな環境のためには合理的配慮が必須である。しかし合理的配慮だけではまだ不足している。

普通学校に通うろう者は周囲に差別の意図はなくとも、授業や友達の輪のなかに入ることができないため、孤立し、学業も追いつかなくなる。「授業で先生が面白いことを言ってほぼ全員が笑っているけど、うちだけはてな状態とか」と、あるろう者は私に書いてくれた。

別のろうの人からも次のような話を聴いた。その人は小中学校をろう学校で過ごしたのちに、高校は普通高校に進んだ。小中学校のときは周りが全員聴覚障害の子どもであり、手話環境（ただし日本手話ではなく日本語対応手話）のなかで楽しく過ごしたのだそうだ。しかし高校に進んだときに壁につきあたる。授業でも配慮のある教諭と配慮が届かない教諭がいるために、授業についていくのが難しくなり、そのうち分からないことを教員に尋ねに行くのも億劫になってあきらめてしまったという。そして何よりもクラスのなかがつらかったという。悪気がなくてもクラスメイトは声でお互い会話をしているので、ちょっとした雑談で必然的に自分は蚊帳の外に置かれてしまうというのだ。そのときクラスメイトは結果として友人を排除していることには気づいてもいない。このような状況はディナーテーブル症候群と呼ばれる。(13) 友だちの只中でも自分が存在しないことになってしまうこの経験を、その人は「残酷」と表現した。

私が話を聴いたろう者たちは、健常者がマジョリティである社会のなかに飛び込んでいくタイミングは自分で選べるべきだとも語る。つまり学校で経験した困難を自分のものとしても引き受けている。ろうの子どもたちは普通学校では「分かる」環境が保障されていないがゆえに、本来する必要がない困難に直面し、のみならずスムーズにコミュニケーションを取り、学ぶという基本的な権利が保障されない。円滑なコミュニケーション、友だちとの交流、スムーズな学び、これらは子どもの権利であって、あえて統合学級を試みて子どもに負担をかけなくてもよいのではないかという当事者の意見である。そしておそらくろうの子どもを持つ親が普通学校に通わせる理由は、聴者がマジョリティであるこの社会のなかで早く順応させたい、勉強をがんばってほしい、というマジョリティ社会を基準に考えたものであり、対等なインクルージョンを望むという思想ゆえのものではないだろう。そもそも日本語と日本手話は異なる言語であり、日本語での教育を強制することはろう者固有の言語と文化を抑圧することにもなる。

インクルーシブ教育を謳っている環境において競争と排除が生まれるとき、この排除は「排除を生み出すまい」とする社会的包摂のよき理念のもとでの排除ゆえに残酷になる。おそらくろう者に限らずあらゆる場面で、このようなマジョリティ側が気づくことのない排除は生じているだろう。マジョリティとはハンディキャップを気にしなくても大丈夫な人のことなのだから。「きちんと全部わかる生活」を経験したあとに、マジョリティ世界のなかでインクルーシブな状況の実現をめざすという私が出会ったあるろう者の主張だった。これはピアグループとしての居場所の多島海を実現したあとで、社会的開放性の地平・ユニバーサルなケアの地平を考えた本書の議論の順番とも並行している。

合理的配慮という概念だけでは不足していることが分かる。つまり制度的には合理的配慮がある場所であってなお、目の前にいる友人をも（ハンディキャップゆえに）取り残してしまうことがありうるからだ。具体的にすき間を反転する運動を確保しておく必要がある。マイノリティの立場にいる人がマジョリティの集団のなかで存在しないことになってしまうことがない装置が必要であろう。今はろう者の例で考えたが、ディナーテーブル症候群は他の障害や社会的逆境について考えるときのメタファーとなりうるだろう。外国籍の人や、外見からはわからない障害や病を持つ人も、私の目の前にいるのに私が気づかぬまま困難に陥っているかもしれない。つまりすき間は眼の前で生じているのであり、マジョリティはそれに気づかない。ディナーテーブル症候群は「眼の前でひらくすき間」をあらわにしたのだ。

3　SOSへのアンテナとメタファーとしての通訳

SOSを言葉へと変換する通訳

ある学生からこんな話を聞いたことがある。フィールドワーク先の在日コリアン支援を母体とするNPOからのアウトリーチで、その地域の高齢者施設を訪れたときのことである。その施設で、いくら声かけして

も答えることがないため認知症と職員から思われていた男性に向けて、NPOスタッフが「안녕（アンニョン）」と声をかけたところ、勢いよく返事が返ってきて話が止まらなかった、というのだ。

言葉が通じないがために目の前にいるのにすき間に追いやられている人は、さまざまな場所にいる。すき間は目の前に開いている。この事例の場合は文字通りの「通訳」が出現したことで、すき間に陥っていた人が発見され、コミュニケーションが回復している。通訳とはすき間の存在を嗅ぎつける人のことでもある。つまりかすかなSOSへのアンテナのことである。傷つけやすさを自覚することのさらにその先で、相手の声を聴き取る可能性のことだ。第Ⅱ部、第6章で「翻訳」について論じたが、その延長線上で「通訳」を考えてみたい。

すき間を感じ取り、声をかけ、当事者のSOSを言葉へと変換する能力が世界のなかに偏在したときには、理念上はすき間が消えた状態を想定できる[14]。

社会的開放性のゴールはどこか。すき間は絶えず生まれる。国家的な暴力を避けることができたとしても社会が生み出す排除は執拗であり、家庭での暴力もなくなることはないだろう。つまり「ゴール」があるとしたら、すき間が生まれるリスクが最小化し、すき間への感度が可能な限りあがり、すき間が修復されるための環境が整うことだろう。

すき間が生まれても埋められる条件として、すべての人との出会いとすべての人との権利の保障が必要になる。多様な人が出会うが同質性を要求することはない社会、そして直接はコンタクトがとれない人たちのあいだでのコミュニケーションの手段を確保する社会でもある。それぞれの異質性は維持されたまま生存と権利が保障される。異質であるときには直接的なコミュニケーションが難しいこともありえる。異質なもの同士がダイレクトに交流するためには、時間と努力が必要になる。すき間に追いやられた人と同化することは不可能であるし、同情も独りよがりである。つまり「相手の言語を学び語る」ことは不可能であるという点から始まるがゆえに通訳が問題となる。通訳はつねに不完全なものであり元の言葉をゆがめる暴力を孕むが、まさに翻訳がつねに不完全にならざるをえないような他者の異質さや距離こそが通訳を要請するとも言える。ここでの「通訳」はすき間におけるかすかなＳＯＳを言葉に変換する営みのことを指す。

通訳としての支援者

合理的配慮があってもなお生じるすき間を反転する行為のメタファーとして「通訳」という概念を置くことができる。「通訳」を、すき間を探す人、すき間とマジョリティをつなぐことのメタファーと理解して考えてみる。通訳は、声として認識されていなかった声を理解可能なものにする。マジョリティは、マイノリティの困難について教えられたとしても、なぜそれが困難なのか、どのように苦痛なのか分からないことがある。困難や苦痛をマイノリティ本人に説明を求めるのは不当な不払い労働である。そのときマジョリティとマイノリティのあいだに立って通訳する存在は貴重だろう。すき間を発見し理解し反転する可能性として通訳可能性があるはずだ。反転可能性がない限り、すき間はすき間にとどまり続ける。そして「通訳」は語りえない困難を暫定的な言葉に変換する役割を担う。当事者自身は語る言葉を持たないかもしれない。あるいは当事者に説明させることが暴力になる場合があるからだ。

今まで登場した、すき間を発見する支援者たちは皆、ある種の「通訳者」である。支援者本人が困窮しているわけではないが、困窮している人の言葉を聴き取る通訳であるがゆえにすき間をキャッチすることができる。そして当事者が負う困難の内実を周囲の人に伝えるのだ。

もう一つ大事なことは通訳において、言葉の主体はあくまで通訳された当事者だということだ。あくまで今まで言葉を持たなかかったすき間の人が語りだすそういう現象が通訳である。通訳は代弁者ですらない。通訳は媒介者(15)として背景に退く。つまり「通訳」というメタファーによって、当事者からあがるであろう声を尊重すると同時に、マジョリティ側からすき間を探索するアプローチも両方考慮することが可能になるだろう。すき間の探索と当事者からの声の双方を両立する場面のメタファーとして、本章では通訳という言葉を用いた。通訳はSOSへのアンテナの同義語だ。

通訳を通して、マジョリティ側は通訳を介してしか声を聴くことができない人の存在に気づくことになり、あるいは通訳を通してしかアクセスできない人がいることに気づくことになり、自らのマジョリティ特権に気づくことを余儀なくされる。通訳は私には気づくことができなかったすき間を可視化する経験なのだ。しかも通訳はつねに不完全なものにとどまらざるをえない。当事者の声をつねに裏切ってしまうかもしれないという限界ゆえに、すき間に置かれた人の困難を際立たせることになる。あるいは逆にそのようなすき間を可視化する機能、マジョリティであることの特権を知らしめる機能としてメタファーとしての「通訳」を定義することができるだろう。かすかなSOSへのアンテナは、すき間の反転可能性とその困難において、すき間を解消する社会的開放性の地平の漸進的な運動を指し示すのだ。

SOSへのアンテナから社会的開放性へと進めた本書の議論は、その限界について考えたときに再びSOSへのアンテナに戻ったことで議論が循環しているように見えるだろう。SOSへのアンテナは、ユニバーサルなケアの地平を必要とした。ところが社会的開放性は、マジョリティ特権の陥穽とつねに開くすき間ゆえに、再度かすかなSOSへのアンテナへと立ち戻ることを要求する。このことは現実の世界が孕む困難と、必要とされる実践のジグザグの歩みを示しているのだろう。排除や差別や暴力や無理解が無くなることはおそらくない。執拗にくり返されるであろう排除に対抗しつづけるどんな活動が可能なのかという手探りの探究を要求するのであり、それゆえ議論の上でも循環が生じる。差別との戦い、一人ひとりの目線からかすかなSOSへのアンテナを磨くこと、媒介者となる通訳、ボトムアップでコミュニティを作ること、誰もが享受できる居場所や制度の追求、これらの営みの漸進的な進行こそが、すき間へと対抗する運動となるのだろう。ユートピアを簡単に思い浮かべることができるわけではないが、しかし良い方向へ向けてのイメージを持つことには価値がある。

注

（1）出口真紀子、「みえない「特権」を可視化するダイバーシティ教育とは？」、岩渕功一編著『多様性との対話――ダイバーシティ推進が見えなくするもの』、青弓社、二〇二一、一六五 - 一六六頁。

（2）ベル・フックス、『フェミニズムはみんなのもの』、前掲書、六六頁。

（3）ベトナム出身で米国で活躍したアーティストでありフェミニスト理論家であるトリン・T・ミンハの難解さとあいまいさもこの事実に由来するのではないだろうか。「先入観はあらゆる科学に有害だが、科学の論理は人類学が（ある種の）人々 men を人間一般 man や人類一般 human として語るのを躊躇なく許した。すでに述べたように人（男）man が探しているものは、幸いなことに、彼がいつも見つけるもの／けっして見つけないものだ。それはつまり、彼自身の完璧な影なのである。」（トリン・T・ミンハ、『女性・ネイティヴ・他者――ポストコロニアリズムとフェミニズム』、竹村和

子訳、岩波書店、二〇一一、九二頁）

（4）石原真衣、下地ローレンス吉孝、「インターセクショナルな「ノイズ」を鳴らすために」、『現代思想』特集インターセクショナリティ、二〇二二年五月号。

（5）髙谷幸編、『多文化共生の実験室――大阪から考える』、青弓社、二〇二二、一四頁。

（6）石原真衣、金城カナグスク馨、「スキマに居続ける／狭間に立ち尽くす――反‐共生宣言！とノイズを立て続けること」、『多元文化交流』、第一四号、二〇二二。

（7）樋口直人、『日本型排外主義』、前掲書。

（8）髙谷幸編、『多文化共生の実験室』、前掲書、二八頁。

（9）同書、特に第一、三、四、五章。

（10）同書二八頁。

（11）野口晃菜、喜多一馬編著、『差別のない社会をつくるインクルーシブ教育――誰のことばにも同じだけ価値がある』、学事出版、二〇二二、八五頁。

（12）桜井千恵子、『教育は社会をどう変えたのか――個人化をもたらすリベラリズムの暴力』、明石書店、二〇二一、一四頁。

（13）ディナーテーブル症候群を名付けた論文の中の、一八歳から三〇歳までのろう者にインタビューを行った研究においては「家族には愛されているけれどもつながれていない」と感じているという結果がでている。「食事の間、会話がわからないのでずっとテレビを見ていた」というようなインタビューが登場する。David R. Mink. Dinner Table Syndrome: A Phenomenological Study of Deaf Individuals' Experiences with Inaccessible Communication. *The Qualitative Report.* 2020 Volume 25, Number 6, Article 15, 1676-1694.

（14）ただし通訳がいるだけでは足りない。通訳がいる状況においてもマジョリティのなかのマイノリティという構図は変わらないからだ。マイノリティの位置に置かれた人の自発的な表現の可能性が最大限保障され、伝達に不安のない安心な環境が確保される場もまた必要だろう。私がインタビューしたろう者の一人は「言語に思いっきり甘えられるのがあまりない。つねに緊張感を持って、伝わるかどうか不安に感じている」と語った。「言語に甘える」という言葉は、言語が通じる環境が当たり前のように整っているマジョリティには思いつかない表現である。ろう者にとっては言語的なすき間のなかに閉じ込められているということをこの表現は示している。本書で強調してきた〈居場所の多島海〉はそのような言語に甘えることができる安心を生み出すためにも必要な装置である。

(15)　通訳は、現象学の方法論のなかで「現象学的媒介者」と私が呼ぶものと対応する（拙著、『子どもたちがつくる町』、前掲書、あとがき参照）。現象学的媒介者は、調査現場のなかに入り、現場の人たちの多様でわかりにくいざわめきを了解可能な言説へと「通訳」する役割を担っているからである。その意味では研究者も二次的にかすかなしかたではあるが、言葉になっていなかったことがらを感知し通訳する役割という倫理的な要請を担っている。

終章　一人ひとり、そして誰もが

三層の排除

錯綜した議論を展開してきたので、最後に全体をまとめなおしたい。『すき間の哲学』は、社会的な排除が起きる構造を家族、社会、国家という三つのレベルで考えることから議論を始めた。三層それぞれの仕方ですき間が生じるのだが、そのなかでどのようにすき間を探索し、あるいはすき間が生じないような活動・組織づくりがありうるのかということを考えてきた。

まず異物を作り出し排除することで統一を保とうとする国家レベルの排除がある。国家の水準での排除は、人権侵害の常態化が明らかであっても一向に改善しようとしない入管法をみても明らかだ。アガンベンが示したように、法の外部＝生存を保護しない領域によって、国家という法と生存の領域が創設される。国家の自己保存のために外部のすき間が産出され遺棄されていく。

二つ目に、社会的集団的にドライブされる排除がある。不安や恐怖といった感情を動員し、被害感情を持つ人が排除の加害者となる社会的な排除だ。この動きはどんな場所でも起きうる。このような不安や恐怖は匿名的に集団で働く大きな力が個人に浸透するものである。それゆえ私たち全員がつねに知らず知らずのうちに差別する側になりうるし、おそらくは何らかのかたちでつねに差別意識を持っている。社会集団は、集団的な感情という奇妙な動きのなかで内と外を切り分ける。

さらには、資本主義社会においては役に立つことへの強迫と競争原理・序列化によって、弱い立場に置かれた人が社会から切り捨てられていく[1]。

三つ目に国家や社会から退去した安全地帯であったはずの家庭が内破し、子どもや母親といった弱い立場の家族が虐待される。親自身が社会のなかで疎外されている場合が多いが、そのような親が子どもを追い込んでいく。安全のメタファーでもある家が内破し、暴力に満ちた場所になる。社会のなかで困難を抱え場合によっては自分自身すき間に陥っている大人たちが、もっとも弱い存在である子ども（場合によっては高齢者、DVでは女性）を虐待する。

おそらくこれら三つの排除・差別・虐待がなくなることはないが、その条件のなかでどうするのか、というのが問いであった。

ラベリングする排除と見えなくなる排除

すき間のもう一つの区分は、ラベリングによって可視化して排除する差別と、見えなくなることですき間に追いやられる排除という二種類のすき間だった。差別の場合は目に見えるラベルが貼られることで集団から排除される。古典的な差別、いじめ、ヘイトクライムなどさまざまな事象に共通する。

それに対しひきこもりや虐待のように見えなくなっていく方向で生じるすき間もある。競争のなかではみ出た人や、無関心によって生じるすき間、あるいは名前がない困難といったすき間である。国家や社会が自らの作動を保証するために排除されるスケープゴートをラベリングしながら生み出していく場合と、ある集団のなかで生存を確保する仕組みから知らず知らずのうちにこぼれ落ちて見えなくなってしまうすき間とがある。後者の場合、有用性・序列化と競争原理が支配する現代社会においては「役に立たない者」として遺棄されていくケースも少なくないだろう。あるいは希少疾患や先住民の出自を持つ人のように、分類しうる名前を持たないがゆえにすき間に陥る場合もある。

組織を維持するためにスケープゴートを作り出すという、古来からある集団の力動に加えて、国家の制度がつねにすき間を生むというメカニズム、さらに資本主義近代における有用性・序列化・競争にともなう優生思想的な排除とが、現代においては複雑にからみあっている。

このときすき間にいる本人の視点からは、貧困であったり暴力被害であったりといった逆境として経験される。つまり国家や社会制度においてすき間へと放逐されているという横の構造は本人には見えず、「生きていくのがつらい」「何かがうまくいかない」と足元に穴が空くように垂直に困難が感じられるのだ。

当事者からの声と運動

すき間からSOSを出すことは極めて難しいとしても、すき間に追いやられた当人からの運動から社会を考える必要があるだろう。多くの人はなにかの仕方でかすかなSOSを出している。つまりSOSを出す力がある。言葉で明確にSOSを出すのではなかったとしても、「問題行動」や「自傷行為」と呼ばれるものもまた潜在的なSOSである。あるいは何も語らないことでサバイブする人もいる。それもまた生き抜く力だ。

すき間からの声は、ある閾値を超えるとSOSとなり、グループを形成したときには権利を要求する運動となる。あるいは社会のなかで可視化されるピアグループや居場所の姿を取るようになる。

当事者が明示的に声を上げていく動きは歴史的に重要であり、本書でもすき間に追いやられた人たち自身が生存の場所を獲得する運動を取り上げた。つまり、権利要求のための運動、とりわけ地域のなかでの居住を求める動きがある。すき間という空間的なメタファーに呼応するように、日本で運動を牽引した脳性まひ者の自立生活運動は、まずはマジョリティ優先の社会のただなかで暮らす環境を要求する空間の闘争でありすき間を可視化し解消する運動だった。

すき間に追いやられた人がマジョリティの空間のなかで安全を確保しつつ、声を出しうる場としても、居場所を定義できる。いったんはすき間へと追いやられた人が社会のなかで場を回復するときに、存在と声の場所として居場所は機能している。つまり「すき間の反転」として居場所を定義することもできよう。このときすき間へと強いた規範を解除する必要があるのだから、遊びやユーモアが可能な場所であることも意味を持つ。闘争とともに、ユーモアが抑圧的な規範を揺さぶってきたのだ。

社会的開放性

一人ひとりの声を聴き向き合うことは、誰もが利用することができる居場所やサービスのもとで活きてくる。

ヤングケアラーの調査をしているときに気がついたのは、家族の病などで子どもがヤングケアラーとなった後は周囲から孤立するがゆえにサポートも受けにくいということだ。逆にヤングケアラーになる前から安心して遊べる場所で周囲とつながっているときには、いざというときにSOSを出しやすく、周りの大人も気づくことができる。年齢の区別なく、障害の有無に関係なく、誰もが集うことができる居場所があることが意味を持つ。というのは、問題行動のような姿で発せられるかすかなSOSは、子どもが安心できる場所において親しんでいる大人がいるからこそ、困難のシグナルとしてキャッチできる。そしてそもそも、困難が起きるよりも前に居場所につながっているからこそ、何かがあったときにもSOSを出すこともできる。誰にでも利用できるユニバーサルな場所が楽しい居場所として開かれることがセーフティネットとなる。

町のなかにSOSに気づかれずにすき間に陥っている子どもがいるかもしれないということと、居場所あるいは制度から誰かが取り残されているかもしれないということは裏表の関係にありそうだ。だからこそ一人ひとりの声に耳をそばだて聴くことと、誰もが利用できる居場所ということは連続している。一人ひとりにこだわる視点と全体へと拡がる視点は通じている。

この「誰もが利用できる」というユニバーサルな可能性は居場所に限られるものではない。むしろ制度的な拡がりを要求する。医療や福祉のさまざまな権利・サービスは、年齢・障害の有無・国籍・収入などによって分け隔てられるべきではない。人が生活するために必要な支援・サービスを誰もが利用できるようにすること、つまり理念上はすき間を生み出さないような制度、ユニバーサルなサービスという理念をかすかな社会的開放性は指し示している。

社会的開放性は、歩行のなかで一人ひとりが出会いつつかすかなSOSをキャッチする力であり、そのような一人ひとりの歩行が拡がり出会う地平であり、かつ条件のないユニバーサルなケアやサービスの実現でもある。

国家や制度から社会を発想したときには構造上不可避的にすき間が生じてしまう。国家や制度の構造のなかにすき間を生むメカニズムが含まれているからだ。社会的包摂というのは、すき間を否応なく生んでしまう社会制度というものにおいて、しかしすき間をなくしていく努力だと言ってもよいだろう。そもそもすき間というのはマジョリティからマイノリティが見えなくなるというマジョリティ側の視点でもある。すき間に追いやられた当事者の視点からは別様に世界は見えているはずである。おそらく足元に穴が空いたように困難と孤立のなかに閉じ込められるのだろう。

すき間に追いやられた人が発する声にならない隠れたSOSがある。このようなSOSに対するアンテナを張り巡らすことと、すき間を探索し声をかけること、すき間から声が上がる運動、すき間に落ちた人の生存環境が確保されるための試み、このような実践をいくつかのフィールドワーク現場で私は教わってきたわけだが、ここにはこれからどのようなコミュニティを模索したらよいのかという点について大きな示唆がある。

社会的包摂に対して私たちは社会的開放性という概念を対置して議論を進めていった。必然的にすき間を生んでしまう俯瞰的な制度の視点から考えるのではなく、一人ひとりの足で歩いてボトムアップで人々の自発的な紐帯を作る草の根の運動のなかから、すき間を生まない社会の生成を考えていくという方向性である。誰かと誰かが出会うという視点は、非対称ではない。

歩行によって町になじみ、かすかなSOSへのアンテナを働かせて、(家を持たずに路上にいることも、家に引きこもって見えなくなっていることもあろう) すき間に追いやられた人と出会う。このようなすき間の発見は地域社会のなかで、網の目状に拡がり、コミュニティを作っていくことになる。

一人ひとりが歩いて他の人たちと出会っていくというところからコミュニティを考えたときには、そのコミュニティには境界も閉域も生まれない。ゆるやかに、濃淡を持ってつながりとケアし合う関係が拡がっていくことになる。誰がどのように出会いつながるかはあらかじめ決められているわけではない。すき間を探索する線は偶然に任せてあるいは探索によって拡がっていく。そのような出会い・発見から発想したときには、まだ出会えていない人がいたとしても原理的な排除ということは存在しない。まだ出会えていない人と出会うための仕組みがあればすき間と出会いきれなかったとしても、潜在的には出会いうるという地平が拡がっている。差別や排除はつねに集団をラベリングし排除するから、眼の前の一人と出会って語り合うという視点を徹底したときには、マジョリティ側からの積極的な排除は、構造上は生じないことになる。

かすかなSOSへのアンテナというミニマムな単位と社会的開放性は密接に連関するが、両者のあいだには分節もある。かすかなSOSへのアンテナは、ダイレクトな人と人との関係を描写する。一対一の切迫が、他者全体によって切迫されている可能性を聞く。ここで社会的開放性は潜在的に素描される。すべての他者の顔がその個別性において切迫する可能性が、現実の社会的開放性として現実化したときには、個別の関係の可能性が無際限に拡がるとともに、資源の共有という媒介物を想定することになる。つまり直接の出会いだけでない地平を含みこむのだ。

注

（1）この点については拙著、『客観性の落とし穴』、ちくまプリマー新書、二〇二三を参照。

現象学とすき間の哲学

方法論について

すき間を考えるための現象学

私は二〇一〇年ごろから看護師への聞き取りをはじめ、現象学的な質的研究と呼ばれる分野で活動するようになった。二〇一四年からの大阪市西成区北部での子育て支援の調査も、方法論的には現象学的な質的研究による聞き取りと参与観察である。すき間に追いこまれた人へとリーチし、「誰も取り残されない社会」を本気で実現しようとしている人たちが多数活動するこの地域と出会ったことが、本書を構想したきっかけである。

本書はこの実践を理論的に提示し直すことを計画しているが、そもそも現象学的な質的研究の方法論によって個別の実践とコミュニティを描きうる必要がある。本書では国家や歴史について一人称の経験を起点として議論する可能性を模索したが、理論的考察が中心だったので、語りの分析から直接に国家や歴史を論じる研究は、別に試みる。(1)

そして、一人ひとりの声にこだわることと誰に対しても開かれた地平という本書の構図と、現象学的な質的研究の方法論はパラレルな関係にある。本書は方法論を論じることを目的としなかったが、最後に視点の取り方と議論の地平という二点に絞って補足をしたい。個別性にこだわる方法論の詳細については他の拙著を参照

いただけたら幸いである。(2)

現象学的な質的研究の視点の置き方

現象学的な質的研究のミニマムな定義は、「ある人の経験を、その動きの内側から描き出すための技術」だ。そのとき経験や実践の動きが持つ型（スタイル）を取り出すとともに、その動きを背景で支えている家族関係や社会状況や歴史といった文脈のからみ合いも描き出そうとする。看護師の研究の場合は、看護師がどのように患者へとアプローチするのか、その実践のスタイルを描き出すとともに、その構造が背景に持つ制度や歴史からの制約などを描こうとしていた。

西成での研究ではいくつかの居場所やアウトリーチで実践する人たちの参与観察とインタビューから、それぞれの実践の形を描くとともに、この地域のネットワークがどのように生まれているのかを示した(3)。そしてこれらの居場所やアウトリーチを経験した虐待の当事者である母親やヤングケアラーの若者たちにインタビューすることを通して、人々がこの場所をどのように生きて育っていくのかを考えた(4)。

〈経験をその内側から描く〉ときには、必然的に、描かれたスタイルは個別のスタイルになる。Aさんの視点から記述したら必然的にAさんから見えた世界と経験になるからだ。〈運動の内側〉の視点は、運動の個別性と切り離せない（逆に言うと、一般性は俯瞰的な視点から複数の事例を比較したときに得られる）。

すき間に追いやられた人の経験や、そこに関わっていく対人援助職の実践を、その個別性と社会背景のからみ合いも含めて描き出すことを私の最近の研究では試みてきた。現象学的な質的研究の場合、平均値から外れる特異事例だからといって考察から棄却されることは原理上ありえない。むしろ個別的で特異な経験は尊重される。つまりあらゆる経験を対象とし、しかも想定からも外れる特異性を持った経験であっても、それをその具体性においてかつ構造化しつつ捕まえる方法論である。平均的なモデルや統計的な優位性を明らかにしようとするのではなく、むしろ逆に一般化しえない個別性を持つ経験のなかに構造を見出すことが、現象学的な質的研究の目的となる。そもそも私が主題としてきたケアは、つねに特異なものとして生じる。

まさに福祉制度でサポートできずに社会から排除された事例を分析するような場面では、むしろ特異性のなかに構造を見出すという現象学の特性が強みになるだろう。個別の経験を尊重し、個別を尊重する態度を尊重するがゆえに、誰かを差別・排除・抑圧することを容認することはできないということが帰結する。

すき間に追いやられた人について、その見えにくくてあいまいな状況を形にする方法論として現象学的な質的研究を用いることができる。なぜならどんな個人についてもその個人の経験構造を際立たせる技法だからだ。すき間に追いやられた人や言葉を持たなかった人の存在と言葉をくっきりと取り出し、異なる境遇にいる人のもとに届けるための方法論の一つとなる。すべての人が主人公として固有の経験のスタイルを持つという事実は、現象学的な質的研究と倫理の接点となる。

現象学的な質的研究の地平とメルロ＝ポンティ

ここで生じるもう一つの課題は、現象学によって個別の体験を描きうるとしてもそれを了解可能なものとしうるのはいかにしてか、という問いである。このことが「誰にとっても」という実践的にユニバーサルな地平すなわち社会的開放性と重なっていく。

言いかえると、当事者や実践者の個別の経験が、研究者や読者の経験といかにかけ離れたものであっても、深刻に引き受けることはいかにして可能なのか、という触発可能性の問いが立つ。自分の経験ではない他の人の経験の記述を、自分にもありうる経験として引き受ける地平があるのではないか。現象学において、レヴィナスが顔と呼んだ他者からの触発が、眼の前にいる人からの切迫だけでなく、テキストを介しても起こる、そのような地平があるのではないか。(5)

看護実践や、あるいは重度の障害を持った人たちの経験から触発を受けて学ぶ。その人だけの特異な個別の経験が、私にとっても読者にとっても普遍的意味を持つ、そのような触発可能性の地平はたしかにあるように感じられるけれども、それがどのようなものなのかを考えるのはとても難しい。個別の経験が、多数のサンプルで一般化・類型化されることなしに、個別がそのまま普遍へといたる回路を考えないといけないからだ。これこそが本書にとっての「世界」である。

晩年のメルロ＝ポンティが〈存在〉と呼んだものがこの触発可能性の地平を表す候補になる。未完に終わった『見えるものと見えないもの』(一九六四)やいくつかの講義録のなかで、メルロ＝ポンティは従来の哲学史にはない仕方で「世界」や「存在」「本質」といった基本概念を定義しなおそうとした。

たとえば彼はデカルトを批判する。誇張懐疑においてデカルトは世界の存在を根本から疑うことで、世界を切り捨てるコギトと世界を峻別し対立させた。しかし、そもそも世界があるのかないのかと疑うときにも、疑われる「何か」の〈存在〉を前提としている。(6)「存在を疑う」という反省の営為がすでに前提としている「何か」の存在」がある。この反省の手前にある「何か」の存在を経験する基盤に向けて「問いかける」ことを晩年のメルロ＝ポンティは試みた。この前反省的な〈存在〉は思考と世界とが峻別されずに絡み合っている地平であり、そこを出発して自己の個体化や、あるいは世界に対して自己が持つパースペクティブもが生まれるところの土壌であり、(反省によって言語化される以前の)「黙した世界」あるいは「野生の存在」でもあるようなそういう〈存在〉の地平だ。

メルロ＝ポンティは『見えるものと見えないもの』の第四章「問いかけと直観」のなかで何度か〈存在〉においては本質と事実が混ざり合うと述べている。反省によって認識論的な「本質」を確定するに先立って、体験されている「事実」がそのまま体験の本質でもあるという地平があるのだ。注目したいのは、このような本質＝事実観を示すときに、メルロ＝ポンティは、このような存在の地平が他者へと開かれていると考えていることだ。難解な文章だが引用したい。

〔諸本質の〕必然性が一つの思考の限界を飛び越えてすべての思考に押しつけられ、私のその時の直観の後までも生きのびて、私にとって持続的真理として妥当するのは、私の経験が唯一の世界に開かれ、唯一の〈存在〉に記入されることによって、私の経験自身と結びつけられると同時に他人たちの経験にも結びつけられるからにほかならない。

本質の諸可能性は確かにさまざまな事実を包み支配することができるが、その〔諸〕可能性それ自身は、もっと基本的なもう一つの可能性から派生しているのだ。それはすなわち、私の経験に働きかけ、それを世界と〈存在〉に開き、そしてもちろんそれらの諸可能性をおのれの前に事実として見いだしはしないが、しかしそれらの〔事実の〕事実性を生気付け組織化する可能性なのである。(7)

要するに、〈存在〉という地平は、自然を構成する植物や風や土地や動物といった存在者や色や音といった感覚態だけではなく、事実性（＝人が社会環境のなかに巻き込まれるというそのつど個別偶然の出来事）の水準でもある。しかもこの事実性が、自分だけでなく他の人たちの事実性や社会と思考も巻き込んだしかたで「唯一の」〈存在〉を形作る。〈存在〉とは、人が背景に持ちうるさまざまな状況の可能性の総体のことだ。あらゆる人が抱える社会状況・歴史的状況・出来事をひっくるめたものがメルロ＝ポンティの〈存在〉であり、本書にとっての「世界」だ。

つまり、多様な人生としての偶然性が織り込まれた地平を私たちは共通の世界として生きている。私はたしかに今現在は大きな病や障害を負っていないかもしれない。しかし私の経験の地平としては、病や障害や社会的な逆境の経験を持ちうる。そういう世界のなかにすでにいるのだ。厳密に言うと、可能性としてではなく、今まさにそのような経験を負っている人がいる以上、事実としてその出来事は私の地平のなかにあるのだ。

とすると一人ひとりの視点に内在的に考察しながら個別の経験の構造を際立たせることと、自分では経験することのない異質な他の人の経験からの触発可能性の地平を確保することは対になっている。この触発可能性は誰からも触発されうる可能性の地平である。

この対は、すき間の哲学の骨格となっているかすかなSOSへのアンテナと、社会的開放性の地平の対と重なる。なぜ実践と理論のこのような並行関係が成立するのかというと、おそらく、現象学が事象の記述の技法である以上、現場の構造が方法そのものへと反映していくからだと思われる。現象学は展開するなかで、方法自体が事象を模倣して変形していくのだ。

注

（1）石原真衣、村上靖彦、『アイヌがまなざす——痛みの声を聴くとき』、岩波書店、二〇二四。
（2）拙著、『摘便とお花見——看護の語りの現象学』、医学書院シリーズケアをひらく、二〇一三、補章。拙著、『客観性の落とし穴』、前掲書、二〇二三。
（3）拙著、『子どもたちがつくる町』、前掲書。
（4）拙著、『母親の孤独から回復する』、前掲書。拙著、『「ヤングケアラー」とは誰か』、前掲書。
（5）実はレヴィナスのユダヤ教論で提示される歴史概念がまさにこのようなテキストを介した顔の触発の議論である（拙著、『レヴィナス——壊れものとしての人間』、河出書房新社、二〇一二／二〇二三）。
（6）モーリス・メルロ＝ポンティ、『見えるものと見えないもの』滝浦静雄、木田元訳、みすず書房、一九八九。
（7）同書一五三－一五四頁、原著者による強調。

あとがき

『すき間の哲学――世界から存在しないことにされた人たちを掬う』においては私にとって大事であると思われることを、ナイーブかもしれないがストレートに書き綴った。具体的には、大阪市西成区での子ども子育て支援の調査を通して出会ったみなさんから学んだことを理論的に考える試みである。『母親の孤独から回復する』（二〇一七）、『子どもたちがつくる町』（二〇二二）と『「ヤングケアラー」とは誰か』（二〇二二）で開かれた、「社会的にマージナルな位置に追い込まれた人の生活が生きやすくなる社会をどのように作りうるのか」という課題を、哲学の問いとして考えた。

本書の元になったのはミネルヴァ書房のＰＲ誌である『究』に二〇二〇年四月号から二〇二三年四月号まで連載した原稿である。

（本書のほとんどが『究』での連載をもとにしているが、一部のテキストは『究』以外の場所で発表したテキストを改稿の上で再録している）

第４章３節「言葉とつながれないこと」、『質的心理学フォーラム』、第一三巻、二〇二一。

第５章「アウトリーチと支援の連続性――西成の子育て支援を例に」、『精神科治療学』、第三六巻四号、二一〇二一。

連載の第一回目の原稿を入稿した直後、二〇二〇年の一月に中国で奇妙な肺炎が発生しているらしいという報道が流れ、またたくまにコロナ禍に飲み込まれた。二〇二〇年春の緊急事態宣言中は、どこにも出かけられずに自宅のベランダで執筆したりもした。連載の最後の原稿を提出したのが二〇二三年一月だったので、本書の執筆はほぼコロナ禍の期間と重なっている。とくに第Ⅰ部にその痕跡が残っており、もしコロナ禍がなくなったら国家や社会についてこのような考察にならなかっただろう。執筆を終えたあと、理不尽な戦争と戦争という名のもとに行われている植民地主義的な暴力が地政学上の前景に立ってきたが、これについては考察することができなかった。

『すき間の哲学』というタイトルと、第Ⅰ部から第Ⅱ部冒頭までのアイディアだけがある状態で見切り発車したため、どこに向かって進んでいるのか自分でも分からない三年間だった。そのつど勉強しながら書き進めていったため、第Ⅱ部で道に迷うことについての文章が挟まる通りに、本書の執筆自体が道に迷いながらのものだった。行ったり来たり、気づかぬままに同じテーマが繰り返されたこともあった。そのため、連載を終了してから本書をまとめる際に、テキストの順番は大幅に入れ替えて構成を考え直している。

私はふだん原稿をプリントアウトして手書きで修正をしてから、またPCに打ち込むという作業を繰り返し繰り返し行う（私の悪筆をご存じの方は驚くと思う）。ところが本書の連載は毎月四〇〇〇字ずつという、そのつど画面で見通せる分量であり、かつ毎月締め切りに追われたため、基本的にタイプだけで執筆を進めていった。連載を終了したあとでまとめる作業では、いつものとおりに手書きでの修正を繰り返してはいるが、連載時の執筆方法が影響しているかもしれない。

三年間にわたって毎月四〇〇〇字書くという執筆のリズムが、今まで経験したことがないものだった。量は多くはない。むしろ少ないくらいである。ふだんはかなりまとまった量を一気に書いてから推敲を重ねるので、少ない量を一定のリズムで長期間書くという制約が、ブレーキとアクセルを同時に踏むように文体を規定している。

私にとっては『治癒の現象学』(二〇一一)、『交わらないリズム』(二〇二二)につづく哲学書でもある。『自閉症の現象学』(二〇〇八)と本書を含めた四冊は、具体的な場面を理論的に考察し、そのつどいくつかの概念のセットを試作しながら書いている。今回は「かすかなSOSへのアンテナ」、「歩行」や「社会的開放性」「通訳」といった概念が挙げられる。『すき間の哲学』は並行して執筆していた『客観性の落とし穴』(ちくまプリマー新書、二〇二三)の姉妹編でもある。『客観性の落とし穴』は、近代社会における客観性信仰と数値化信仰(競争主義)を批判し、一人ひとりの経験に視点をおきつつ生き生きとした言葉を復権することを追求している。それに対して、本書は排除の構造を軸に近代を批判したうえでコミュニティの作り方を考える書物となっている。

「行為とはなにか」という問いを二〇〇〇年代初頭から考えてきた。当初、書物を読むだけでは十分な考察には届かなかった。二〇一〇年以降の看護実践の調査と西成での子育て支援の現場での調査を経て、困難の当事者の皆さんと実践を重ねている支援者の皆さんから学んだことで、より実のある内容になった。このプロセスは、認知と身体動作に焦点があたっていた古典的な現象学を、社会的な実践へと拡張しようとする試行錯誤でもある。

二〇一九年一二月にミネルヴァ書房の丸山碧さんから『究』での連載のお話をいただき、茫漠としたアイディアのまま執筆が始まった。見通しの利かない連載を面白がり、忍耐強く見守ってくださった丸山さんに感謝をまず申し上げたい。連載終了後に丸山さんが退職され、堀川健太郎さんに引き継いでいただき、本にまとめていただいた。途中から快くお引き受けいただき丁寧に本を作っていただいた堀川さんには感謝している。また本書の執筆にあたっては北海道大学の石原真衣さんが創造的に全文を検討してくださったこと、そして議論を通してさまざまな出会いへと開いてくれたことで、内容が深化した。

二〇二四年　新年の大阪で

村上靖彦

人名索引

あ行

か行

さ行

た行

な　行

は　行

ま　行

や　行

ら　行

わ　行

事項索引

あ行

か行

さ行

た　行

な　行

は　行

ま　行

や　行

ら　行

《著者紹介》

村上靖彦（むらかみ・やすひこ）

1970年　生まれ。

現　在　大阪大学大学院人間科学研究科教授，感染症総合教育研究拠点 CiDER 兼任教員。

主　著　『在宅無限大――訪問看護師がみた生と死』医学書院，2018年。

『子どもたちがつくる町――大阪・西成の子育て支援』世界思想社，2021年。

『ケアとは何か――看護・福祉で大事なこと』中公新書，2021年。

『「ヤングケアラー」とは誰か――家族を“気づかう”子どもたちの孤立』朝日新聞出版，2022年。

『客観性の落とし穴』ちくまプリマー新書，2023年。

『傷の哲学，レヴィナス』河出書房新社，2023年。

『アイヌがまなざす――痛みの声を聴くとき』（石原真衣との共著）岩波書店，2024年，ほか。

すき間の哲学

――世界から存在しないことにされた人たちを掬う――

2024年7月30日　初版第1刷発行　〈検印省略〉

定価はカバーに
表示しています

著　者　村　上　靖　彦

発行者　杉　田　啓　三

印刷者　田　中　雅　博

発行所　株式会社　ミネルヴァ書房

607-8494　京都市山科区日ノ岡堤谷町1

電話代表（075）581-5191

振替口座　01020-0-8076

創栄図書印刷・新生製本

ISBN978-4-623-09743-2

Printed in Japan

叢書・知を究める

① 脳科学からみる子どもの心の育ち　乾　敏郎 著
② 戦争という見世物　木下直之 著
③ 福祉工学への招待　伊福部　達 著
④ 日韓歴史認識問題とは何か　木村　幹 著
⑤ 堀河天皇吟抄　朧谷　寿 著
⑥ 人間《ひと》とは何ぞ　沓掛良彦 著
⑦ 18歳からの社会保障読本　小塩隆士 著
⑧ 自由の条件　猪木武徳 著
⑨ 犯罪はなぜくり返されるのか　藤本哲也 著
⑩ 「自白」はつくられる　浜田寿美男 著
⑪ ウメサオタダオが語る、梅棹忠夫　小長谷有紀 著
⑫ 新築がお好きですか？　砂原庸介 著
⑬ 科学哲学の源流をたどる　伊勢田哲治 著
⑭ 時間の経済学　小林慶一郎 著
⑮ ホモ・サピエンスの15万年　古澤拓郎 著
⑯ 日本人にとってエルサレムとは何か　臼杵　陽 著
⑰ ユーラシア・ダイナミズム　西谷公明 著
⑱ 心理療法家がみた日本のこころ　河合俊雄 著
⑲ 虫たちの日本中世史　植木朝子 著
⑳ 映画はいつも「眺めのいい部屋」　村田晃嗣 著
㉑ 近代日本の「知」を考える。　宇野重規 著
㉒ スピンオフの経営学　吉村典久 著
㉓ 予防の倫理学　児玉　聡 著
㉔ ておくれの現代社会論　中島啓勝 著

ミネルヴァ書房
https://www.minervashobo.co.jp/